JN068198

なぜガザは戦場になるのか

イスラエルとパレスチナ 攻防の裏側

高橋和夫

ワニブックス
PLUS新書

まえがき

ガザ情勢の急展開後の内外の解説に触れながら、その多くに、もどかしさを覚えていた。「それならば自分の分析を提示してみよう」との気持ちが湧き上がってくるのを感じていた。

ちょうどタイミング良く、ガザ情勢の解説書を緊急に出版したいとの提案をワニブックス新書編集部の大井隆義さんからいただいた。

その提案を受け入れて出版の準備が始まった。ワニブックスからは、大井さんの編集で筆者はすでに『イランｖｓトランプ』、『最終決戦トランプｖｓ民主主義　アメリカ大統領選撤退後も鍵を握るサンダース』の２冊を出版している。今回で３冊目の出版となった。

本の出版は共同作業である。特に短期間での出版は。緊急出版という難題に立ち向かうにあたって、惜しみない努力を傾けてくださったのは、長年の友人でノンフィクションライターの高橋真樹さんだ。本書と直接に関わるパレスチナ問題とエネルギー問題に関して、それぞれ複数の著作を出されている専門家である。『イランｖｓトランプ』、『最終決戦　トランプｖｓ民主党』でも力を貸してくださった。

同時進行で展開する事象に対応しつつ、その歴史的な背景知識を叙述するという作業は、困難を極めた。チームワークなしには、短期間での出版は望むべくもなかった。二人には十分な感謝の言葉もない。

今日も、この瞬間も、情勢は動いている。最新の情勢をギリギリまでカバーしようとしたが、歴史の展開は簡単に足早に、本書の記述を追い越して行くだろう。

だが、今後の展開も変えることがないのは、この問題の核心である。つまり問題は2

023年10月7日のハマスの奇襲によって発生したのではない。イスラエルとエジプトによるガザの封鎖とヨルダン川西岸地区の長年の占領こそが、その背景にある。占領の問題を集約しているのが、ユダヤ人入植地の拡大だ。

テロを生み出したのは、封鎖と占領という構造的なテロであり、抑圧であり、暴力である。パレスチナの人々に尊厳ある生活への道筋を示さない限り、ガザの悲劇も、パレスチナ全体の苦しみも続くだろう。そしてイスラエルの人々にも、真の平和は訪れないだろう。

ガザの爆発から4カ月目に入ろうとする2024年1月に

高橋和夫（放送大学名誉教授）

目次

第4章　イスラエルという国

第5章　揺れ動くアメリカ

第7章　国際社会と日本……231

あとがき　251

第1章　10月7日の衝撃

ガザという圧力釜

２０２３年10月7日、ガザ地区を拠点とするイスラム組織ハマスの攻撃により、千人を超えるイスラエル人が亡くなった。また、２４０名を超える人質が取られた。

さらに、それをきっかけとしたイスラエル軍による攻撃で2万１０００名を超えるガザのパレスチナ人の命が失われた。そして２２０万人とされるガザの人々の命が危機にさらされている（23年12月28日現在）。２２０万人と言えば、日本の自治体でいえば名古屋市の人口とほぼ同じくらいである。名古屋市民全体が、壁で囲まれた中で水や食料、燃料を止められ、爆撃にさらされている状況にたとえていいだろうか。

危機は、人質の交換のための一時休戦を挟みながら、この原稿を書いている現在も継続中である。一刻も早い停戦が望まれる。だが、いまはまだその道筋さえ見えない。

地中海に面するガザという地域は、古代からエジプト綿を輸出する港として栄えてきた。そのため、「ガーゼ」という言葉は、ガザが由来になっているという説がある。しかし、現在の状況は、ガーゼの包帯では止まらないくらいの出血が続いている。なぜ血が流れているのか。これからどうなるのか。まずは現状と紛争当事者双方の事情を確認しておきたい。

10月7日のハマスの越境攻撃は、イスラエルはもちろん、世界を驚かせた。まず、ハマスはなぜ奇襲を仕掛けたのだろうか。今回のハマスの攻撃の作戦名は「アル・アクサの大洪水」である。アル・アクサとは、エルサレム旧市街にあるイスラム教の聖地、アル・アクサ・モスクのことである。なぜ洪水なのか。ユダヤ教の聖書、キリスト教は、これを旧約聖書と呼ぶが、この聖典に神が教えに従わない人々を罰し滅ぼすために大洪水を起こしたという記述がある。ノアの箱舟の話である。同じような記述がイスラム教の聖典コーランにもある。大洪水という作戦名に、聖なるモスクを冒涜するような邪悪を正すというハマス側の大義が反映されている。

こうした作戦が実施されたのはなぜか。それは、イスラエル軍による占領の状況があまりにひどいからである。エルサレムを含むヨルダン川西岸での入植地の拡大、そして16年以上に及ぶガザの封鎖が続いている。ガザは圧力釜のような存在だ。その圧力釜に火を焚《く》べて、圧力が高まり続けていた。状況を知っている者にとっては、いつか爆発するのではないかと予測することは容易であった。

逆にこの前提を知らず、10月7日から紛争が始まったと考える人にとっては、なぜこのタイミングなのか理解できないことだろう。

パレスチナ自治区は、西のガザ地区と、東のヨルダン川西岸地区から成り立っている。まずはヨルダン川西岸地区である。ここ数年、西岸地区ではイスラエル側の暴力が特に目立っていた。入植地の拡大、入植者による暴力により、パレスチナ人の村に火がつけられ、オリーブの木が切られ、人々が死傷した。家を奪われ追放される者も後を絶たない。そして2022年にはアル・アクサ・モスクの周辺でパレスチナ人とイスラエルの治安当局が衝突し、イスラエルの警察が土足でアル・アクサ・モスクの内部に入って信徒を警棒で殴ったり拘束したりする事件が起こった。そんなことも日常になっていた。

そしてガザ地区はもっとひどい。イスラエルとエジプトによる封鎖により、人々はあらゆる人権が奪われた状態が続いてきた。「天井のない世界最大の監獄」と言われてきたが、実態は監獄よりもひどい。監獄ならば刑期が終われば出られるが、ガザからは脱出できない。刑務所ではなく強制収容所ではないかとの声も聞こえる。ガザは、いつ爆発してもおかしくはなかった。

マスメディアの誤解

今回のハマスの攻撃の理由の一つとして、マスメディアではイスラエルとサウジアラビアの関係正常化の交渉があげられた。長年対立していた両国が、アメリカの仲介で接近していた。ハマスは、パレスチナが置き去りにされるのではないかという危機感を抱き、関係を壊すために今回の攻撃を仕掛けたのだという理由づけである。

しかしである。一方で、イスラエルとサウジとの交渉の進捗が報道されたのは、攻撃が行われる少し前のことだ。他方、これほど大規模な攻撃をしかけるには、ハマスは準備を何年も前からしていた。実際に２０２０年頃から、ハマスは他の抵抗運動の組織と連携して、越境攻撃の訓練を行っていたこともわかっている。だから、イスラエルとサウジとの国交正常化の交渉は、攻撃の理由にはなり得ない。攻撃を準備している途中で、その動機を強めた要素の一つに過ぎない。

なぜ多くのメディアが誤解したかという理由は、はっきりしている。パレスチナ問題がほとんど注目されていなかったからである。このような大きな衝突がない限り、パレスチナがマスメディアで報道される機会はない。しかし、報道されていない時も、ガザや西岸ではひどいことが起き続けていた。そのことを知らなければ、いきなりハマスが攻撃してきて、「とんでもない」と考えるだろう。慌てて理由を探した結果、最近のイスラエルとサウジアラビアの交渉の話が出てきたのだろう。

不正確な地図

マスメディアでの報道で違和感を覚える点がもうひとつある。パレスチナ自治区についての不正確な地図である。地図は、イスラエルという国家の右側にヨルダン川西岸地区、左側にガザ地区が描かれ、この2カ所をパレスチナ自治区としている。この地図を見ると、狭いけどもそれなりの生活があって、パレスチナ人が自治をしているのだろうから、何の文句があるのかという印象になる。なぜパレスチナ人が怒っているかが伝わらない。〝テロ〟を起こすほど抵抗する理由が伝わらない。しかし、実態はその印象と大きく異なる。

ガザは封鎖され、壁の向こうに移動できない。電気も水も食料も外から供給されるが、容易には運ぶ許可が出ないため、生活に支障を来している。ヒトとモノの動きが制限され、通常でさえ、自由な行き来ができない。海も封鎖され漁師も沖合まで出ての漁ができない。〝自治〟どころか息も詰まるような状況である。そして西岸は実際に〝自治〟が許されているのは、ごく限られた穴のようなエリアでしかない。その他はすべてイスラエル軍が管理し、あちこちにイスラエルの入植地がつくられている。その実態を示す地図が使われていない。

筆者は、その元凶は日本外務省の地図ではないかと考えている。なお、かつては高校の教科書の地図も同様だった。だが最近は改善されてきている。筆者も含め多くの識者が声を上げたせいだろうか。つまり外務省も新聞もテレビも、高校の教科書に正確性で負けていることになる。

■ヨルダン川西岸

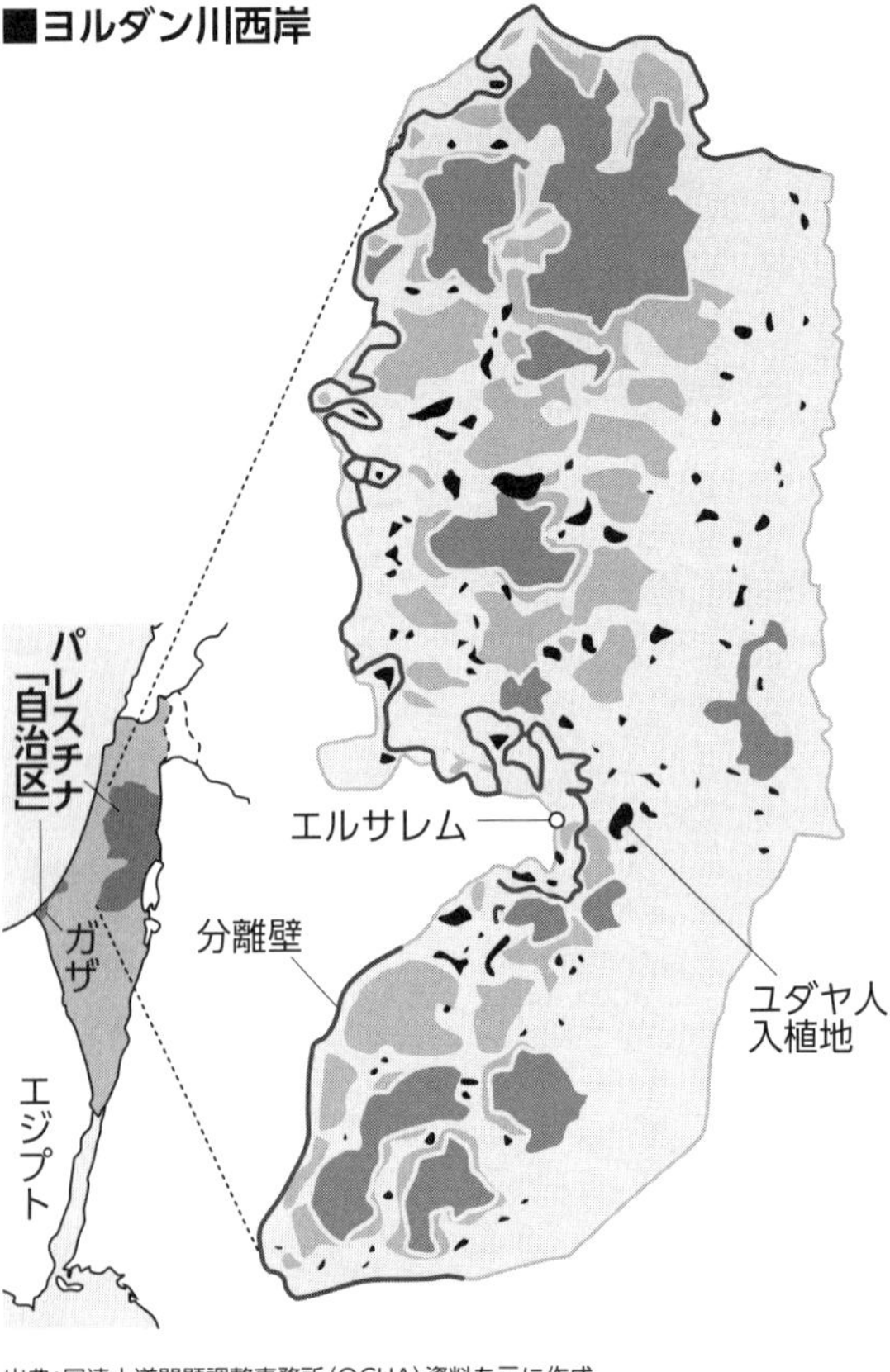

出典：国連人道問題調整事務所（OCHA）資料を元に作成

	行政	治安維持権限
A地区	パレスチナ	パレスチナ
B	パレスチナ	イスラエル
C	イスラエル	イスラエル

■ガザ地区

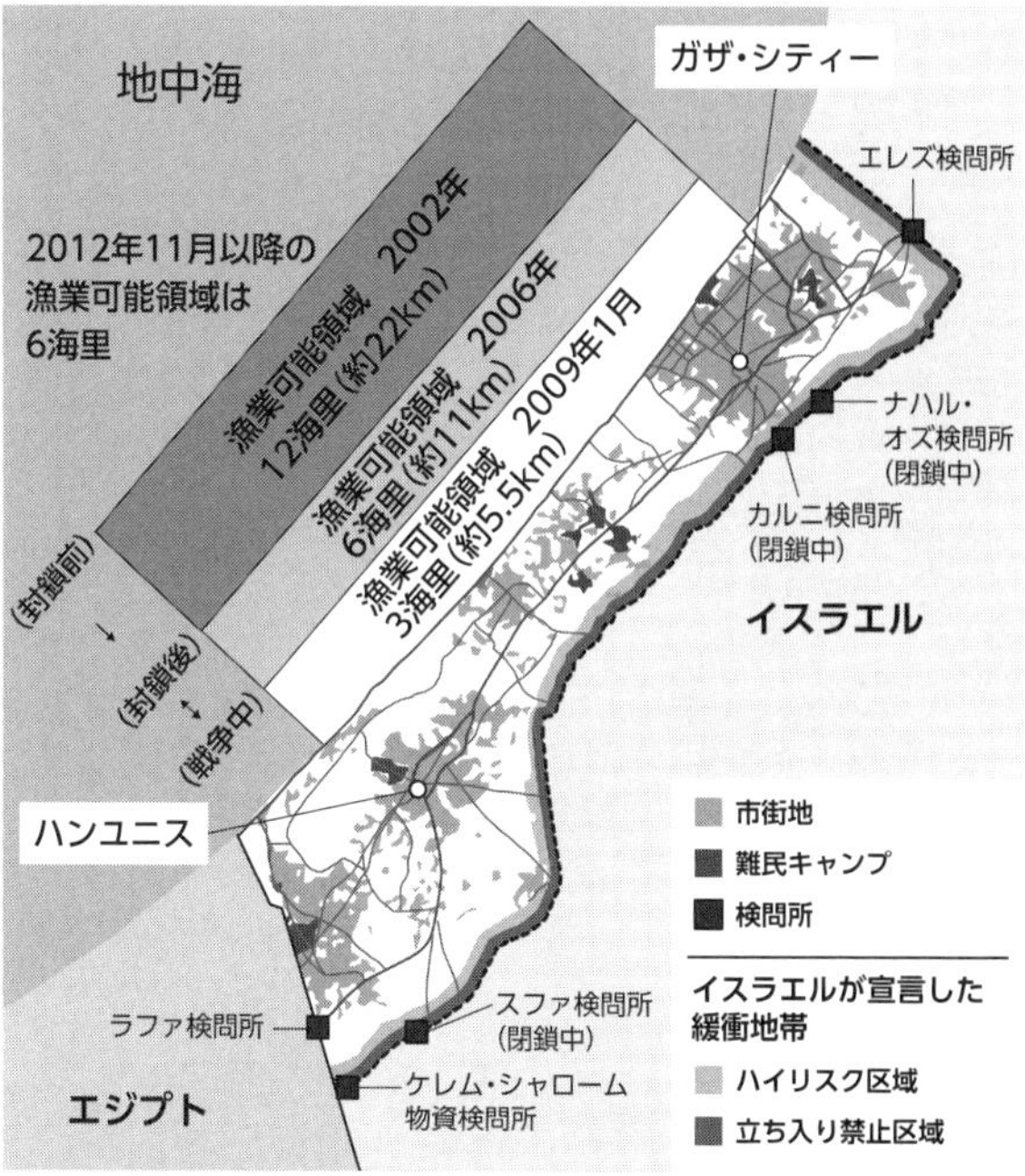

出典：国連人道問題調整事務所（OCHA）資料を元に作成

50年前の奇襲

ハマスによる攻撃は、なぜ10月7日だったのか。まず土曜日は、ユダヤ教徒の休日である。安息日と呼ばれている。この日には労働が禁じられている。戦争を始めるなら、ユダヤ人が仕事しない日にした方がいいという理由であろう。特に10月7日は安息日の中でも、ひときわ大切な祭日だった。もうひとつは、アラブ側の奇襲でイスラエルの足元がふらついた事件が、ちょうど50年前のほぼ同じ頃、10月6日に起きている。1973年の第四次中東戦争である。このときは、エジプトとシリアがイスラエル軍を奇襲した。当初は成功してイスラエル軍は苦境に陥った。

この奇襲の情報は、イスラエルの諜報機関から政府にあがってきていた。しかし、イスラエル政府はそれを本気にしなかった。なぜなら1967年の第三次中東戦争で、イスラエルはエジプトやシリアに大勝していたからである。あれだけやられたアラブ側が、まさか仕掛けてこないだろうと油断していた。

今回のハマスの攻撃への対応も、それと似ている。事前にエジプト側から攻撃の情報

イスラエル軍基地を訪問するベンヤミン・ネタニヤフ（写真：Israeli Government Press Office／Haim Zach／ロイター／アフロ）

がもたらされていたという。しかし、イスラエル側は油断していた。イスラエル軍が強く、ハイテクによる監視体制、防御体制も完璧であると確信していた。ガザの内部からロケット弾を撃つことはあっても、大規模な越境攻撃は仕掛けてこないだろうとたかをくくっていた。そのおごりがスキを生んだ。イスラエルは、この50年間で何を学んだのだろうか。

奇襲への対策では、イスラエルは過去の教訓を生かせなかった。しかし逆に、経験が足かせになった面もある。たとえばイスラエルのベンヤミン・ネタニヤフ首相とハマスとの関係である。

ネタニヤフにとっては、イスラエルとの和平に消極的なハマスの存在は便利であった。ガザを支配するハマスと、ヨルダン川西岸を支配するパレスチナ暫定自治政府は対立している。パレスチナが分裂したままであれば、イスラエルは和平交渉をしたくても相手が存在しないと言い訳ができる。和平を進めたくなかったネタニヤフにとっては、これは悪くない。和平を停滞させて、ヨルダン川西岸へのユダヤ人の入植を加速させるのに好都合であった。

たしかにハマスは脅威だが、制御できる程度の脅威である。ネタニヤフはそう考えていただろう。これまでもハマスの力が大きくなりそうになるとイスラエルは攻撃して、その力を削いだ。伸び過ぎないように、〝芝を刈る〟必要はあったが、そのコストは知れていた。芝を刈るための戦争を、イスラエルはハマスと4回戦った。イスラエル側の兵士の犠牲は許容できる範囲だった。

こうした過去4回の〝芝刈り〟の経験から、ハマスが大規模な奇襲を計画しているとはネタニヤフは予想しなかった。そして10月7日に奇襲攻撃を受けた。

ガザのハマス指導者

過去の経験の足かせのせいで情勢を読み違えたのは、ネタニヤフだけではない。ハマスのガザ地区のトップとされるヤヒヤ・シンワルも、イスラエルの激しい反応を読み間違えたのかもしれない。筆者の推測である。シンワルは、イスラエル人などの人質を取れば、イスラエル軍はガザに対する激しい攻撃は控えるだろう。そして人質の交換に応じるだろうと計算していたのではないだろうか。シンワル自身の経験が、そう考えさせたのではないか。

シンワルは１９６２年に、ガザ南部のハーン・ユニスの難民キャンプで生まれている。両親は、現在はイスラエル領のアシュケロンの出身である。ガザより少し北にある港町である。１９４８年の第一次中東戦争の前後に、難民となってガザに逃れた。１９４８年の戦争後は、１９６７年の第三次中東戦争でイスラエルに占領されるまでは、ガザはエジプトが支配していた。つまりシンワルは、エジプト統治下のガザで生まれ育ち、イスラエル占領下で成人した。そして同地のイスラム大学を、アラビア語を専攻して卒業

ヤヒヤ・シンワル（写真：ZUMA Press／アフロ）

している。

ハマスでは治安部門の責任者を務め、対イスラエル協力者の処刑に関与していた。1989年にイスラエル兵に対するテロを計画したとして逮捕され、無期懲役の刑を受けた。その後22年間を、イスラエルの刑務所で過ごした。その間にヘブライ語を覚えるなどイスラエルに詳しくなった。この22年の間にガザを含むパレスチナでは、さまざまな展開があった。

1993年にはオスロ合意が結ばれ、イスラエルとPLO（パレスチナ解放機構）が相互承認を行った。そしてイスラエル占領地のガザ地区とヨルダン川西岸地区で、パレスチナ人の暫定的な自治が始まった。しかし、その後の両者間の交渉は停滞した。

２００６年のパレスチナの選挙では、大方の予想に反してハマスが勝利を収めた。しかし権力を握っていたパレスチナ自治政府の中心派閥であるファタハは、ハマスに実権を渡さなかった。そして翌２００７年には両者は衝突した。ガザでは、この戦いでハマスが勝利を収め、今日まで支配を続けている。ハマスがガザを支配するようになると、同地区と接するイスラエルとエジプトは、自国とガザとの間の人や物の出入りを厳しく制限し、封鎖下に置いた。ガザは、世界最大の天井の無い監獄、あるいは強制収容所となった。

こうした状況下のガザに、２０１１年にハマスが捕らえたイスラエル兵との交換で、シンワルが釈放された。この時に釈放されたイスラエル兵は、ギラード・シャリートのみであった。つまり、１名だった。それと交換にイスラエルは、１０２７人のパレスチナ人を釈放した。シンワルは、その１人だった。イスラエルにとっては同胞の命は重い。その命を守るためには、大幅な譲歩もいとわない。これが、この時にシンワルが学んだ教訓だろうか。

もしそうならば、多くのイスラエル人を人質にすれば、その命を危険にするような攻撃はしてこない。またパレスチナ人の人質との交換に応じてくる、とシンワルが考えたとしても、不思議ではない。ところが、イスラエルは人質の命の危険を意識しつつも、今回は容赦のない攻撃をガザで展開した。そして、これまでに行われた人質の交換も限定的である。シンワルの予想は、外れたのだろうか。もしそうなら、なぜだろうか。

イスラエルとハマスの読み違い

それは、10月7日のハマスの攻撃が余りに〝成功〟したからだろう。すでに述べたように、これまでのハマスとイスラエルの軍事衝突では、イスラエル側の損害は限定的だった。これまでハマスとイスラエルの軍事衝突は4回あった。これらは、イスラエル風に言えば〝芝刈り〟だった。前に述べた通りである。〝芝刈り〟でのイスラエル側の損害は、1ケタか2ケタである。一番損害の大きかった2014年の衝突でも、イスラエル兵の戦死は71人である。ところが、今回は当初は1400人以上の犠牲が出たと発表された。この人数は、のちに1200人と下方修正されている。なぜ修正されたのか。イスラエルは、遺体を集めてDNA鑑定を行った。すると、200人くらいパレスチナ人が含まれていたことがわかったからだ。この200人はイスラエル軍の攻撃によるハマスの戦死者である。

また、1200人の犠牲者の中には、イスラエル軍のヘリコプターや戦車の誤射による死者もいたようだ。事件直後から、建物や車の残骸から判断すると、その凄まじさに違和感を覚える専門家は多かった。ハマスが持つ武器は、カラシニコフ銃や手榴弾など旧式で小型なものがほとんどである。にもかかわらず家屋ごと吹き飛ばされていたりする。

一部のイスラエル側の報道では、イスラエル軍のヘリコプターが、ハマスから逃げ惑うイスラエル市民を一緒に射殺した。政府や軍は人数を発表していないが、どうも数百人規模で殺害された可能性がある。それぐらいイスラエル軍が混乱していたのだろう。奇襲を受けて、あわてて戦場に投入されたイスラエル軍の兵士は、十分な訓練も受けていなかったようだ。

いずれにせよ、これだけの犠牲が出たきっかけがハマスの攻撃にあることは間違いない。イスラエルの総人口は1000万である。日本の12分の1だ。イスラエルの受けた打撃を日本の人口比に置き換えると、1万2000名が殺された計算になる。イスラエル国民の怒りと恐怖心は想像に余りある。こうした事件の再発を防ぐためならば、人質や兵士の命を危険にさらすことも厭わないというのが、イスラエル指導層の発想である。そして、今回は国民は基本的にはその姿勢を支持している。今回は〝芝刈り〟ではなく〝芝の根絶やし〟を狙っている。これまでは強力なイスラエル軍による抑止が効いていると思われてきた。しかし抑止が効かないことがわかった。ハマスが存在する限り、イスラエルの人々は安心して暮らすことができないということであろう。

抑止とは、防止とは違う概念である。防止が力で、ある行動を阻止しようとするのに対し、抑止とは、ある行動が引き起こす結果を想像させて、その行動そのものを控えさせようとの発想である。つまり、イスラエルの反撃の激しさを想像してハマスは大規模な攻撃を控える。そうした状態であれば、抑止が機能している。ただ今回は、ハマスはイスラエルの反応を読み誤ったのか。あるいは、大規模な反撃を承知で攻撃したのか。

いずれにしても抑止は働かなかった。

始めからハマスが、これほどのイスラエル人を殺害し、これほどの数の人質の確保を狙っていたかは明らかではない。おそらく、ハマスの作戦はシンワル周辺の予想以上の〝成功〟を収めたのではないだろうか。できる限り多数を殺害し、できる限り多数の人質の確保は目標ではあったろう。だが、1000人以上も殺害し、200人以上を人質にとったりするつもりはなかっただろう。ハマス側が思っていた以上に〝成功〟し過ぎたのである。

それには、別の読み違いも絡んでいる。そのひとつは、イスラエル軍がヨルダン川西岸の騒擾の対応で移動しており、ガザ周辺が手薄だった点だ。ハマスの奇襲攻撃は大規模かつ巧妙だった。それゆえ年単位での準備が必要だったろうと見られている。作戦の立案段階では、イスラエル軍の西岸に軸足を置いた展開は予想されていなかったろう。またガザの周辺で大規模な音楽祭が開催されるとも想定していなかったろう。奇襲の日はユダヤ教の重要な祭日である。この日に音楽祭とは、宗教心の強いハマスの幹部には想像できなかったろう。事実、音楽祭の主催者は、会場は突然に決定されたと証言している。ハマスには予想できない事態だった。

こうした相互に相手を読み違えた指導者が、双方を率いている。ハマスを制御できると考えたネタニヤフ首相のイスラエルと、イスラエルを知っているつもりだったシンワルのハマスの間の、血みどろの悲劇が展開されている。

〝戦後〟の3つの選択肢

ゲリラ組織であるハマスと最新鋭の兵器をそろえたイスラエル軍とが正面から戦っては、ハマスに勝ち目はない。いずれこの紛争はイスラエルの勝利という形で終わりを告げる可能性が高い。しかし本当の問題は、その後どうするかである。仮にハマスの勢力を一掃できたとしても、その後のガザの統治をどうするのか、そしてガザに暮らす220万人の人々をどう扱うかという課題である。

現時点ではまだコンセンサスがない。イスラエルでもアメリカでも、さまざまな選択肢がささやかれている。ひとつは、イスラエルによる直接統治である。ガザは、200

5年まではイスラエル軍が駐留し、入植地も存在していた。2005年に撤退したガザに、再び軍が駐留する形である。そうしなければまたハマスが攻撃をしてくるのではないか、という議論である。しかし、そもそもガザから撤退した理由のひとつとして、予算と労力がかかりすぎるというものがあった。兵士の犠牲も出ていた。それを繰り返すことはイスラエルの中での賛同が得られにくいであろう。

2つ目の選択肢は、第三者による統治である。候補として名前が挙がっているのは、たとえばNATO軍である。あるいはエジプトなどアラブ諸国の軍隊を入れて統治させることである。すでに紹介したように、ガザは1948年の第一次中東戦争から1967年の第三次中東戦争まで、19年間にわたってエジプトの支配下にあった。しかし、ガザの人たちはこの時期のことを快く思っていない。イスラエルよりは、ましかもしれないが、結局は外国の軍隊に占領されているのと同じである。そしてアラブの国も、イスラエルの指示に従って統治する形になるのでやりたがらないだろう。血だらけのイスラエルの戦車に乗って、ガザに入るようなものである。

3つ目の選択肢は、ヨルダン川西岸を統治するパレスチナ自治政府のファタハ（パレスチナ解放運動）に統治させる方法である。現在アメリカが推している案である。ファタハとハマスが武力衝突した２００６年以降、パレスチナを統一できないので、ファタハは交渉相手としては見なされてこなかった。そのファタハが、ハマス壊滅後にガザの統治を託せる有力な候補になっている。ファタハとしては、ガザを再統一すれば和平を進ませることができるため、内容によっては乗ってくる可能性はある。

しかし、イスラエルの現政権はファタハに任せようとは考えていない。ファタハのマフムード・アッバース大統領は、現在もハマスの〝テロ〟を非難していない。ネタニヤフは、そんな相手と一緒に戦後処理の話し合いなどできないという立場である。本音は、ファタハが西岸とガザの両方を統治し始めると、和平交渉を避ける言い訳がなくなるからだろう。

第二のナクバ

ここまで示した3つの選択肢は、いずれもガザの人々をガザに留め置くという、これまでのやり方を維持する統治方法である。しかし、極右勢力が参加しているイスラエルの現在の連立政権の本音には、ガザからパレスチナ人をエジプトに追放、つまり民族浄化をして、歴史的なパレスチナ全土をユダヤ人の土地にしたいという思いがある。それを裏付けるようなコメントや文書も出てきている。

イスラエルはエジプトに経済的なインセンティブを出して、交渉をしている様子もうかがえる。だが、これをエジプトは拒否している。

理由の一つは、エジプトにはすでに大変な数の難民がいて、これ以上は受け入れたくないというものだ。二つ目は、エジプトの現在の政権は、ハマスの母体となったムスリム同胞団と敵対している。難民を受け入れてその中にいるハマスに、エジプトでテロ活動をされたらかなわないというものだ。

追放の動きを拒否したいのはパレスチナ人側も同じだ。１９４８年に70万人以上のパレスチナ人が故郷を追放されて難民となった事件を、アラビア語で「ナクバ（大惨事）」と呼ぶ。今回、イスラエルは第二のナクバを実行する可能性がある。パレスチナ人は、ガザから出たら二度と戻れなくなるかもしれないと考えている。だからこそ、追放の動きを警戒している。

ガザのパレスチナ人全員をエジプトに追放するのが難しいのであれば、どうなるのか。今回は、すでにガザ北部での民族浄化を進めている。さらに、いまは南部に攻勢を強めている。イスラエル軍が、ガザの南北を分断する道路を建設中という情報もある。もともとガザの中に人が住める街の部分は限られていたが、今後はさらにその中を細かく囲って、ガザの中にガザをつくる可能性も出てきている。西岸地区では、西岸全体をパレスチナ人が自治するのではなく、囲まれたごく一部のエリアだけの自治が許されている。ガザはもともと囲まれているが、さらにその中に囲われた狭い地域をつくって人々を閉じ込めようとの発想が、イスラエルにはあるのではないか。

ただ、民族浄化を前提としたそのようなやり方を、現在のアメリカの民主党政権が支持するとは考えにくい。戦後のガザをどうするのかという方針をめぐっては、イスラエルとアメリカの間で齟齬《そご》がある。すでに見たように、アメリカのバイデン政権は、どうもファタハによる統治を考えているようだ。その証拠に、最近になってブリンケン国務長官が、繰り返しファタハの指導者のマフムード・アッバースと会談している。

指導者たちの〝寿命〟

関係する指導者たちが、それぞれの理由から生き残れるかわからないことも、不安定要因となっている。イスラエルのネタニヤフ首相は、度重なる選挙の末になんとか首相に収まったが、10月7日の事件が起きるまで、大きく支持率を下げていた。

もともとこの男には汚職疑惑が多い。たとえばイスラエルがドイツからの潜水艦の輸入で不当な利益を得たのでは、との疑惑がある。その他にも大きなものだけで2件の汚職疑惑がある。プライム・ミニスター（首相）ではなく、クライム（犯罪）ミニスター（相）と呼ばれる所以である。そしてその法的な追及から逃れるために、司法制度改革を進めていた。それにより司法の権限を制限し、在職中の首相は追求されないようにしようとしていた。これに対して、三権分立を脅かすという理由から、イスラエル国民は大反対をした。10月7日の事件前まで、年初から毎週末のように主要都市のテルアビブやエルサレムなどで、大規模なデモが開催されていた。

そんな状況で、ハマスの奇襲を受けた。通常であれば、国内的には支持率の低い内閣であっても、対外戦争となれば支持率は跳ね上がる。しかし今回は違った。ハマスの奇襲を予測できず、たいへんな犠牲を出した。その責任を問う声が大きい。イスラエルの新聞『ハアレッツ』の2023年10月末の報道によれば、「ネタニヤフの発言を信用できるか」という質問に、「信用できる」と答えた人は4％しかいなかった。ネタニヤフが、息をするように嘘をつくと批判されていることを、イスラエル人の誰もが知っている。ネタニヤフをめぐる議論では、いますぐにやめてほしいという人か、この戦争が一段落したらやめてほしいという人が大半である。ただしネタニヤフ本人にはやめるつもりはなさそうだが。いずれにせよ、イスラエルのネタニヤフ政権は非常に不安定である。

不安定なのはアメリカも同じだ。2024年11月には大統領選挙を迎える。バイデン政権は、さまざまな理由から国内で支持率を低下させている。バイデン現大統領とトランプ前大統領とが対決した場合、その結果は、どちらに転んでもおかしくない状況である。また、パレスチナ自治政府のアッバースは、1935年生まれだ。年齢が90歳に近い。体調不良も噂される。これもいつまで持つかわからない。つまり、イスラエル、アメリカ、パレスチナの指導者が、いずれも薄氷を踏むような状況にある。この3人に長きにわたって将来に影響を与えるような重要な決断が下せるのか、世界は固唾を飲んで見守っている。

イランの関与

本章の最後に、ガザの紛争が世界に拡大するかという点について述べてみよう。より具体的には、イランと、イランが支援する武装組織であるレバノンのヒズボラが本格的に参戦してくるかについてである。

ガザをめぐる一連の紛争で、当事者であるパレスチナ、イスラエルの次にもっとも注目されているのが、中東の大国イランである。なぜなら、イランはハマスを支援してきたからだ。また、イランはレバノンの南部を拠点とする軍事組織のヒズボラも支援している。アメリカとイスラエルは、このヒズボラの動きを相当に懸念している。

そして、ガザが爆発した直後に『ウォールストリート・ジャーナル』紙が「スクープ」を出した。レバノンの首都ベイルートで、イランとハマスとヒズボラの幹部が定期的に会合して、今回の作戦の計画を立てていたという内容であった。しかしベイルートはイスラエルの情報機関が入り込んでいる場所である。もしそのようなことがあれば、イスラエルが気づかないはずがない。実はその記事を書いた記者の一人は、以前は通信社のロイターにいたのだが、話をでっち上げて架空の記事を書いたことでロイターをクビになっている。その記者の情報は信用できなさそうである。

実際、今回のハマスの軍事作戦そのものには、イランは直接には関与していなさそうである。まずは、イラン自体が否定している。ハマスが事件を起こした直後に、イランの最高指導者であるハメネイは、「ハマスはよくやった」とコメントした後、「イランは関与していない」と3回も繰り返した。アメリカには、長年イランを敵視し、機会があればイランの現政権を軍事的につぶしてしまおうという一定の勢力がいる。イランとしてはこの事件を口実に、アメリカに攻撃されてはたまらないと考えている。直接の関与を否定しているのは、イランだけではない。アメリカの諜報機関やイスラエルの諜報機関も、イランがハマスの今回の攻撃に直接に関与した証拠はないと発信している。

とはいえ、ハマスが戦っているのに、イランが無視するわけにもいかない。そこで、ワンクッションを置いて間接的な攻撃を行っている。まず、イラクとシリアにいるイランが支援するゲリラ組織が、イラクとシリアに駐留するアメリカ軍基地を攻撃した。またイエメンの親イラン勢力のフーシ派が、イスラエルに向けてミサイルなどを発射した。途中で迎撃されて、イスラエルに被害は出ていない。紅海を航行する船舶を攻撃している。どうもフーシ派は、イランの意向に関係なく独自に動いているようだ。

イランはレバノン南部のヒズボラを長年にわたり支援してきた。その理由は、ヒズボラの強力なミサイル部隊がいれば、イスラエルがイランに手を出しにくくなるからだ。イスラエルがイランを攻撃すれば、ヒズボラのミサイルがイスラエルの街に降り注ぐ。だからイランにとって、ヒズボラは対イスラエルの抑止力となる。その抑止力を、このタイミングでは使いたくはないだろう。

戦争は拡大するのか

さてそのヒズボラの動きはどうか。実際、レバノン南部の武装組織からイスラエル国境線沿いの軍事施設などへの攻撃はある。しかし丁寧に見ると、当初に撃ったのはレバノンにいるハマスやイスラム聖戦、ＰＦＬＰ（パレスチナ解放人民戦線）の部隊だった。またヒズボラ本隊はお付き合い程度で撃っているにすぎない。また、ヒズボラは威力の大きなミサイルは使っていない。これまで散発的に行われてきたイスラエルとの小競り合いと同様、お互いが限られた兵器を使い軍事目標だけを狙うという、暗黙のルールの範囲内での戦闘が行われている。「ハマスを見殺しにはしない」というメッセージは発してはいるが、本気で参戦しようとはしていない。

ヒズボラはなぜ、本気で戦おうとしないのか。イスラエルと戦争をしたら、ガザと同じ目に遭うからである。イスラエルの圧倒的な空軍力で連日のように空爆される。そしてレバノン南部の住民が大変な被害に遭う。ヒズボラはそれを望んでいない。実際、２００６年にヒズボラとイスラエル軍の衝突に端を発し、イスラエル軍がレバノン南部を中心に激しい爆撃を行った。レバノンでは多くの一般市民を含む１０００人以上の犠牲者が出た、また国民の４分の１が避難民となった。少なくとも、２０２３年12月現在の時点では、イランもヒズボラも本気で戦争をする気はない。

それでも、紛争は当事者の思惑を超えて拡大することがある。もしガザでの戦闘がさらに激化して、ヒズボラの前線部隊が撃ってしまうとか、人がいないと思って撃ったのに偶然イスラエル兵が大勢いたといった計算違いが起こる。

アメリカは、ヒズボラが攻めてくるのではないかという懸念を持っている。その牽制のために、アメリカは航空母艦を派遣した。そして、バイデン大統領とブリンケン国務長官が、イスラエルのネタニヤフ首相と会談した。その際どうもアメリカがイスラエル政権内で、「どうせ戦争になるのなら、ヒズボラに先制攻撃をしよう」との議論を知ったようだ。というのは、イスラエル軍は、予備役を36万人動員している。既存の兵力14万人と合わせて約50万人になる。これだけの大兵力がいるなら、ヒズボラを攻撃しようという議論がある。そして、今回の事件以来、ガザ周辺のイスラエル人だけでなく、レバノン周辺のイスラエル人も避難している。ある意味で、イスラエルとしては、いつでもヒズボラとの戦争を始める準備ができている。バイデンとブリンケンは慌てて、イスラエルに戦争を拡大しないように説得に努めたようだ。

その後アメリカは、航空母艦をもう一隻派遣した。合わせて二隻である。一隻はレバノンの沖合でヒズボラを牽制している。そして、二隻目はペルシア湾の周辺で、イランとフーシ派を牽制している。イランあるいはフーシ派によるサウジアラビアの油田への攻撃の可能性がある。それに備えるためだろう。

ヒズボラもイランもアメリカも、戦争を望んでいない。それでも、アメリカが抑止のためという名目でこれだけ軍艦を並べてしまうと、かえって挑発行為とイラン側に取られかねない。そして緊張が高まれば、どこかで偶発的な事故が起こるリスクは増大する。それがきっかけとなって、戦争が拡大する恐れがある。それが筆者の懸念である。

ハマス、ヒズボラ、フーシ派などの組織については、後の章で詳しく論じたい。

第2章　ガザとハマス

ハマスの母体・ムスリム同胞団

ハマスの母体となったのはムスリム同胞団という組織である。「ムスリム」はアラビア語でイスラム教徒を意味している。

ムスリム同胞団の源流は20世紀初頭のエジプトにある。ハサン・アルバンナーという教師を中心とするグループが、イスラムの実社会での実践を訴える運動を開始した。背景にあったのはイスラムの教えが十分に実践されていないという認識であった。アルバンナーは社会でのイスラムの復興を訴えた。言葉を換えるならば、いわゆる〝イスラム〟社会の再イスラム化運動であった。このムスリム同胞団は巨大な運動体に成長した。そして2011年にアラブの春と呼ばれた一連の政治変動の流れで、エジプトのムバラク大統領の軍事独裁政権が倒れた。翌2012年に行われた大統領選挙で、ムスリム同胞団のムルシが当選した。民主的な手続きを経ての権力の掌握であった。

だが翌2013年には軍部がクーデターを起こし、ムルシを投獄した。そしてムスリム同胞団を非合法化し、同胞団のメンバー多数を拘束した。非合法化され指導部は投獄されたものの、ムスリム同胞団はエジプトの庶民の間で根強い支持を有しており、政治の表舞台への復帰の機会をうかがっている。また同胞団を排除しての統治では、エジプトに民主的な方法で政治的な安定をもたらすのは困難であろう。

さて、この「社会の再イスラム化」という運動は、エジプトから飛び火して中東各地に広がった。そしてイスラム世界各地にムスリム同胞団が結成された。パレスチナも例外ではなかった。

このパレスチナのムスリム同胞団がハマスと名を変えて1987年のインティファーダで大きな役割を担った。インティファーダとは、大衆による一斉蜂起のことである。具体的には、投石やストライキなどでのイスラエルの占領政策に対する抗議と抵抗運動だった。

「ハマス」という名称が意味するもの

ハマスの正式名称は、アラビア語で「イスラム・抵抗・運動」である。それぞれの頭文字をつなぐと「ハマス」となり、意味は「情熱」となる。よりアラビア語に忠実に表記すれば「ハマース」である。アラブ人は、長い組織名の頭文字をとって略語を作る。しかも、それに意味を持たせるのが好きだ。組織名を考える際に略語が意味を持つように、まず略語から考えて、組織名を決めているのではと思ったりもする。

ハマスのライバルであるヨルダン川西岸にあるパレスチナ暫定自治政府の主体は「ファタハ」（パレスチナ解放運動）という組織である。パレスチナ暫定自治政府の初代の首班を務めたのはアラファトだった。このポストをパレスチナ人は「大統領」として言及している。つまりアラファトはパレスチナの初代大統領だった。このアラファトが結成した組織がファタハである。その正式名称は「パレスチナ・解放・運動」。アラビア語の頭文字を続けて読むと「ハテフ」になり、「死」を意味する。これではまずい。そこで、逆転の発想で頭文字を逆に読むと「ファタハ」になる。その意味は「勝利」である。パレスチナ人の政治を、この「情熱」と「勝利」の関係が規定している。

福祉組織としての一面

ハマスの特徴は、抵抗運動として軍事部門を持っているばかりでなく、パレスチナで最大級の人道NGO（非政府組織）の役割を担ってきたことである。イスラエルが占領を始めた1967年以降、イスラエルは、占領地の人々に、ろくな市民サービスを提供してこなかった。その中で、ハマスの前身の組織は、教育や託児、基本的な市民サービスのようなものを提供する団体として、庶民の支持を集めてきた。

ムスリム同胞団の影響を強く受けたこの福祉組織が、ハマスとして政治、軍事活動を開始するようになったきっかけは、前に触れた1987年に起きた第一次インティファーダである。ガザ地区で自然発生的に起こった住民の占領当局に対する抵抗運動は、たちまち西岸地区に飛び火し、占領地全体を巻き込む蜂起に発展した。イスラエルがガザとヨルダン側西岸を占領下に置いたのは1967年のことである。以来、比較的平穏に推移してきた占領地の情勢の急変は、イスラエルを驚かせた。インティファーダの中心となったのは、非武装のパレスチナ人であった。一般の子どもや若者が投石をするなどして抵抗の意思を示した。

そして、先兵となったのは占領地で生まれたハマスやイスラム聖戦といったイスラム急進組織であった。西岸地区のファタハが主導するＰＬＯ（パレスチナ解放機構）とは思想を異にするハマスは、独自の組織として活動し、ファタハが主導して組織したパレスチナの統一司令部には参加しなかった。設立時の指導者はシェイフ・アフマド・ヤシンである。このハマスは、いかなる論陣を張ってきたのだろうか。

そのひとつは、パレスチナ全土がイスラム教徒の信託地（ワクフ）であり、何人もこれを放棄することは許されないし、そうした権限を与えられていないとする考えである。つまりイスラエルを承認し、パレスチナをユダヤ人国家とパレスチナ人国家に分割し、両者を共存させようとする路線に対する明確な拒絶であった。パレスチナ全土が神によって与えられた契約の地であるとするイスラエルのタカ派の議論を裏返しにすると、イスラム急進派の主張となる。強硬派は強硬派を生み、宗教的熱狂は宗教的熱狂を呼んだ。ハマスはパレスチナの完全解放を呼びかけた。

こうした立場に支持が集まったのは、パレスチナ人の置かれている絶望的な状況の反映であった。プロテスト（抗議）として急進派に人心が集まったのではないだろうか。抗議の対象はイスラエルの占領であり、国際社会の無関心であり、ＰＬＯの無策であった。絶望の深淵からの叫びがハマスの主張であった。

現在のハマスには、絶対的指導者はおらず、集団的に意思決定がなされている。創設者のヤシンやその後継者は、２０００年代にイスラエルにより暗殺されている。それにより、指導者がいなくなっても組織が維持できるように、一人に権力を集中させない体制をとっているとされる。

ハマスは主に政治部門と軍事部門に分かれており、現在の政治部門の代表のイスマイル・ハニヤは、暗殺を恐れてカタールに拠点を置いている。ガザの代表はすでに紹介したヤヒヤ・シンワルで、その軍事部門には4万人ほどがいると言われている。なおハマスは、２０１7年にその憲章を改訂し１９６7年の国境線内でのイスラエルの生存を暗示的ながら、認めるようになった。

ガザの難民

第一次インティファーダが発生し、ハマスが支配してきたガザ地区とはどのような場所だろうか。面積は360平方キロメートルである。日本で言えば、東京23区の約6割の広さである。しかも、砂漠地帯なので人が住めるエリアは限られた部分しかない。この狭い地域に、現在は約220万人のパレスチナ人が住んでいる。人が住んでいるエリアとしては、世界で最も人口密度の高い地域となっているばかりか、人口の半分の年齢は15歳にも達していない。筆者はこれほど人口の若く濃密な地域を他に知らない。

若さと人口密度の高さは、閉じ込められたフラストレーションのエネルギー量の大きさにつながった。インティファーダを発生させたエネルギーであった。しかも、ガザには難民出身者とその子孫が多い。ヨルダン川西岸地区の場合は4割程度だが、ガザ地区では7割を超える。人口の大半が難民である。

第一次中東戦争以来、難民となった人々の、奪われた故郷に戻りたいという思いは極めて強い。しかもその故郷は、ガザ地区の外のすぐそばにある。しかも現在のガザの厳しい状況を考えると、故郷への想いはつのるばかりだ。難民一世の人々は、すぐに戻るつもりで鍵をかけて逃げてきた。家を出るときには、まさか二度と戻れなくなるなどとは考えてもいなかった。そのため、自分たちがいつでも家に帰れるよう家の鍵を大事に持っている。実際、かつて住んでいた家の多くは、ドアを替えられたりして、イスラエル人が使っているため、その鍵は使えない。しかし、自分たちには故郷に帰る権利があることを示すために、その鍵を持っている。そして、その子どもたちに受け継がれている。

１９９３年にオスロ合意が結ばれた。その柱は三本であった。第一にイスラエルとＰＬＯ（パレスチナ解放機構）の相互承認だ。第二は、イスラエル占領下のガザ地区とヨルダン川西岸地区の一部での、パレスチナ人の暫定的な自治の開始だった。そして第三にヨルダン川西岸地区とガザ地区の将来を交渉で決定することだった。パレスチナ側は、西岸とガザに自らの国家の樹立を求めていた。

しかしガザの難民出身者の中には、自分たちの願いを切り捨てる内容だと受け止めた者も多かった。現在の自治区だけが独立してしまえば、イスラエルの領土内にあった自分たちの故郷に帰る権利は永遠に失われてしまう。そのような人々にとって、「パレスチナ全土を取り戻すまで戦う」と主張するハマスの主張は、共感できるものであった。難民出身者の割合が多く、より過酷な状況の続いてきたガザ地区で、ハマスが支持されるようになった理由の一端である。

なおすでに述べたようにハマスは憲章を改訂した。その憲章は、イスラエルの1967年の国境線の外側にパレスチナ国家の樹立を謳っている。だが、難民の故郷に帰る権利は放棄していない。

ガザ封鎖

第二次インティファーダ（2000年〜2005年）の期間、ハマスは自爆攻撃を繰り返し、イスラエルからテロ組織として強く非難された。

そんな中、2004年にパレスチナでカリスマ的指導者だったアラファト大統領が病死する。側近のアッバス現大統領が、パレスチナ暫定自治政府の新しい指導者として選ばれたが、アラファトのような求心力は望めなかった。２００６年には、パレスチナの自治評議会選挙が行われた。これは欧米がパレスチナに民主化を求め、選挙を求めた結果であった。すると、欧米が〝テロ組織〟であると指定していたハマスが第一党になった。選挙を求めていた欧米は、ハマスが参加するパレスチナ自治政府を承認しなかった。そして、ハマスに敗れたパレスチナ自治政府の中心派閥であるファタハは、ハマスの追い落としを図った。武力衝突となった結果、２００７年に西岸地区ではファタハが、ガザではハマスが実効支配をすることになった。パレスチナ人の自治地域は分裂した。

ハマスが支配するガザに対して、イスラエルはエジプトの協力を得てガザの封鎖を始めた。人や物の移動が、厳しく制限されるようになり、ガザは青天井の世界最大の監獄と呼ばれるようになった。ハマスがいるからとの理由から、大勢の市民の人権を奪うことは集団懲罰と考えられている。国際法および国際人道法では、集団懲罰は違法とされている。しかしイスラエルは、ガザに住む人々を16年以上にわたり閉じ込め続け、さらにときおり大規模な空爆を行った。人口密集地帯に爆弾を落とせば、当然多数の民間人が亡くなる。しかも人口の過半数は15歳以下の子どもである。多くの子どもが亡くなった。

　ガザの人々の生活は、封鎖により危機に陥っている。約10年前の２０１２年に国連が出したレポートによると、環境の悪化により、ガザは人間が住むことができない土地になると報告されたほどである。特に海水が地下水脈に浸透して、安全な飲料水の確保が問題になっている。

　水、食料、燃料、医薬品をはじめとするあらゆる生活物資の搬入が制限され、住民は、停電の常態化、水の汚染、栄養不足などに苦しんでいる。しかも、医療の提供など基本的なサービスが受けられない状態が続いてきた。失業率は、45％を上回り、若者の失業率に限れば64％近い。また仕事に就いていても、最低賃金（日本円にして月７万円）を下回る労働者の割合が89％に上る。貧困ライン以下で生活する人が65％、さらに大半を占める難民出身者の家庭の貧困率は80％を超えている。国連などによる食糧支援や医療支援に頼る人の割合も80％を超える。支援がなければ生活が成り立たない状況である。ガザの子どもの約３割から４割が、栄養失調からくる貧血やくる病を抱えているとされる。

18歳から30歳の若者を対象とした調査（2022年・赤十字国際委員会）では、「ガザの暮らしは異常」との回答が88・8%（封鎖や戦闘行為などにより）、「ストレスや不安、鬱などに悩まされている」が49%、「今後15年間、仕事に就ける見込みがない」との回答が42・9%に上っている。ガザでは自殺者数も増加していた。イスラム教は自殺を固く禁じているため、これまでパレスチナでは占領下でも比較的少なかったが、ガザの絶望的な状況を受けて、命を絶つ若者が増えている。ガザは地中海に面しているが、その海上もイスラエル軍により封鎖されている。しかし、それでも小船で、ヨーロッパに渡ろうと試みる若者たちも増えている。

これが今回のハマスとイスラエルによる軍事作戦以前のガザの状況である。空爆と違って目には見えないが、ガザに住む人たち全体が、少しずつ構造的に殺されているという状況であった。

ガザは天井のない世界最大の監獄と言われてきたが、実態は強制収容所であると発言した人がいる。イギリスの元首相であるトニー・ブレアの義理の妹、ローレン・ブースである。平和活動家として、ガザの封鎖解除を求めてきた彼女はこのように言う。監獄は犯罪者が集められる場所だが、ガザの人々は犯罪を犯してはいない。囚人は3食の食事や水、医療などが保証されているが、ガザにはない。囚人は、刑期があるからいつか外に出られるが、ガザのほとんどの人々は一生涯出られない。その上、爆撃までされる。だからガス室こそないものの、監獄ではなく強制収容所であると。確かにそうかもしれない。こうした絶望感が深まるほど、ハマスなどの過激な抵抗運動が支持される構図になっている。

ハマスは民衆に支持されているのか

ハマスはなぜ選挙で支持されたのか。ひとつは、先述した「パレスチナ難民の故郷を取り戻すまで徹底的に戦う」という主張への賛同がある。また、福祉、教育活動など、草の根のNGO組織としての市民サービスへの支持もあった。

また、PLO主流派であり続けたファタハへの批判票もあった。ファタハは腐敗していた。オスロ合意以降、パレスチナ自治政府には欧米から多額の援助が入るようになった。それをポケットに入れて、ヤセル・アラファトの周りの幹部だけが豊かになっていった。ハマスはそれを強く批判し、パレスチナ人の多くも怒っていた。ハマスの資金の流れは明らかではないが、少なくとも当時のガザでは腐敗しているという話は聞かなかった。さらに、オスロ合意以降、何も良くならないパレスチナの状況に対して、自治政府を批判する意味もあっただろう。

ただ、ハマスを本当に勝たせたいと思ってハマスに投票した人が、どれだけいたかはわからない。勝てないだろうと考えて大勢が投票した結果、勝ってしまったという側面もあるだろう。ガザには少数ながらキリスト教徒のパレスチナ人もいる。その人たちは、イスラム法による支配が望ましいと思ってはいない。もちろんそう思う人はイスラム教徒にもいる。また、ガザで人口の過半数を占める18歳以下の子ども、若者には投票権がない。2006年の選挙は、2023年から17年も前のことである。つまり現在人口の大半を占める35歳以下の人はそもそも意思表示をしていない。

さらに選挙直後はともかく、ガザでハマスの実効支配が始まって16年以上が経っても、ガザの人々の生活は良くならないどころか、悪化する一方である。もちろん、それはイスラエルとエジプトの封鎖に原因があることはガザの人々もよくわかっている。しかしその状況を何も変えられないハマスに対して、熱い支持があるとは考えにくい。政権を取った後のハマスによる政治は強権的で、批判者への暴力も厭わないなど、評判が良いとはいえない。

２０２３年７月にはガザ全域で、数千人が街頭でハマスに対する抗議を示した。ハマス政権下ではデモは禁じられており、ハマスの治安部隊によって解散させられたものの、暴力を恐れず抗議をするほど、人々がハマスに対して不満を持っていることが明らかになっている。

もちろん、世論調査によるハマスへの支持率は、他の国の政府と同様に、状況により上がることも下がることもある。特に支持率が上がるのは、イスラエルによる激しい空爆があったときである。イスラエル政府が、ハマスによる攻撃を支持率の上昇に結びつけてきたのと同様、ハマスもイスラエルと戦うことで支持率を上げてきたという面がある。しかし、かつてないほどの状況になっている今回の攻撃についてはどう評価されているのだろうか。イスラエルの侵攻後の調査では、ハマスの支持が増加している。ガザよりも西岸で支持率が高い。

いずれにせよ、ガザでハマスが権力を握っているからといって、それは食料や燃料、医療を止めたり、そこで暮らす人々の上に爆弾を落とす正当な理由とはならない。

パレスチナ自治政府の保健省の発表によれば、10月7日から12月28日までにガザで死亡したパレスチナ人2万1000人のうち、7割が女性と子どもである。また5万人を超える負傷者と多数の行方不明者が出ている。さらに、残された多くのパレスチナ人も、疫病や飢餓のリスクに晒されている。

ハマスを育てたイスラエル

ハマスを支援してきたイランに注目が集まっている。しかし実際には、ガザは封鎖されているので、イランの武器がそのまま入るということはない。ハマスの幹部のコメントを聞いていると、同じくイランが支援しているレバノンのヒズボラという組織の方が、ハマスよりずっと大きな支援を受けていることに不満を抱いていたようだ。実際には、イランよりもハマスを憎んでいるはずのイスラエルの方が、ハマスを育ててきた面があるという考え方もできる。

と言うのは、第1章でも触れたが、イスラエル政府はこれまで、ハマスを殲滅しようとはしてこなかった。むしろハマスを飼ってきた、あるいは育ててきたという面がある。なぜなら、アラファト率いるPLOが強くなりすぎないように、対抗勢力を育てパレスチナ人同士を争わせることは、イスラエル政府にとって有利となるからだ。イスラエル側は、パレスチナ国家の樹立を前提とした和平交渉を行いたくない。占領地からの撤退や入植地の撤去についての議論もしたくない。そのため、イスラエル側にとって、少なくともこれまでは、ハマスが存在することは都合がよかった。パレスチナの政治勢力が2つに分かれていて、交渉主体がいないために、イスラエルとしては交渉したくてもできない、という言い訳ができるからだ。

イスラエルのタカ派にとって、ハマスは生かさず殺さずにしておけば良いという立場が続いていた。特に、2009年から長い間、首相の座についていたネタニヤフは、その匙加減をよく心得ていたはずだ。

ガザは、何度も言及したように２００７年からイスラエルにより封鎖された。金も物も人も移動が厳しく制限されてきた。それでも、ガザでハマスは16年にわたって権力を維持してきた。その理由は、ハマスにある程度のお金が渡っていたからだ。現在のハマスの政治指導部は、ガザではなくカタールにある。この点も指摘してきた通りである。そのカタールからの使者が、荷物に１００ドル札を山ほど入れてイスラエル経由でガザに入りハマスに渡してきた。ハマス支配下のガザの経済がなんとか回ってきたのには、その力もある。

もちろんイスラエルの検問所を経由するから、ある程度の金と物がガザに流れていることは、イスラエルの首脳が知らないはずがない。それを黙認してきた。ネタニヤフは、ある程度のお金がハマスに渡れば、文句を言わずにじっとしているのではないかと考えていたのかもしれない。ところがハマスは水面下で今回の作戦を計画していた。そのため、イスラエル国内では、政府のこれまでの対ハマス政策に批判が集まっている。

第3章　パレスチナ問題の歴史

「2000年来の宗教対立」ではない

強調してきたように、紛争は2023年10月7日のハマスの攻撃により始まったわけではない。現状の理解に紛争の歴史的な背景の知識は欠かせない。足早に、いくつかのポイントを振り返っておこう。

パレスチナ問題は、しばしば「イスラムとユダヤの2000年来の宗教対立」といった言葉で語られる。しかし、こうした解説は事実と対応していない。イスラム教が成立したのは7世紀である。したがってイスラム教には、まだ1400年ほどの歴史しかない。となれば2000年も争っているはずがない。また問題の発生以前から、もともとパレスチナに生活していた人々の多くは、つまりパレスチナ人の多くは、キリスト教徒である。そして現在も、パレスチナ人のおよそ1割はキリスト教徒である。となると問題をイスラムとユダヤの対立にしてしまうと、キリスト教徒が問題から切り捨てられてしまう。キリスト教徒に対して失礼である。

さらに現地では、イスラム教が正しいのか、あるいはユダヤ教が正しいのかといった宗教論争を人々が繰り広げているのではない。イスラム教徒にとっても、ユダヤ教徒にとっても、あるいはキリスト教徒にとってみても、自らの宗教が正しいのは自明であり、他の宗教を信じる人々と、神学上の理由で争っているのではない。

争いはパレスチナという地域を誰が支配するかをめぐってである。これは土地争いであり、それに付随する水争いである。川の水と地下水を誰が支配するかという争いだ。

「2000年来の問題」説に次いで気になるのは、次のようなパレスチナに関する解説である。この説によると、1948年のイスラエルの成立によって問題が発生した。これは2000年来の宗教の怨念説よりは、やや罪が軽い。しかし、やはり正確ではない。というのはパレスチナをめぐる争いは、イスラエルの成立以前にすでに起こっていたからである。正確に言えば、1948年以降に問題が、より深刻になった。

それでは、いつこの問題は起こったのか。それは19世紀末である。この頃に、ヨーロッパからユダヤ人がパレスチナへ移住を始めた。そして先住のパレスチナ人との間に問題が起こり始めた。この問題は、19世紀末以来の130年程度の問題であるというのが、筆者の立場である。

シオニズムの誕生

19世紀末に何が起きたのか。それは、ヨーロッパのユダヤ人たちのパレスチナへの移住の始まりだった。「自分たちの国」を創るためにである。ユダヤ人たちの、自分たちの国を創ろうという運動をシオニズムと呼ぶ。これはシオン山のシオンとイズム（主義）を合わせた言葉だ。シオン山とは、パレスチナの中心都市エルサレムの別名である。エルサレム旧市街は、標高835メートルほどの丘の上に建てられた街である。ユダヤ教の聖地であり、またキリスト教とイスラム教の聖地でもある。ユダヤ教にとって特に重要なのは旧市街の嘆きの壁だ。

ヨーロッパのユダヤ人がパレスチナに入ってくると、その土地に既に生活していたパレスチナ人との間に紛争が始まった。それではなぜ、ヨーロッパのユダヤ人たちは、この時期にパレスチナへの移住を考えるようになったのだろうか。それは、ヨーロッパで19世紀末になってユダヤ人に対する迫害が激しくなったからである。

その理由は、この時期にヨーロッパに民族主義が広まったからである。ユダヤ人への迫害を強めた民族主義とは、一体何か。おおざっぱに言えば次のような考え方である。

①　人類というのは民族という単位に分類できる
②　それぞれの民族が独自の国家を持つべきである。これを民族自決の法則と呼ぶ
③　個人は、属する民族の発展のために貢献すべきである

こうした考えによれば、個人の最高の生き方は、自らの民族の国家のために尽くすことであり、自らの民族が国家を持っていない場合は、その建設のために働くことである。そして、この考え方に取り憑かれた人々は、民族のため、国家のために大きな犠牲をいとわない。

それでは、民族とは何だろうか。共通の祖先を持ち、運命を共有していると考える人々の集団である。ドイツ人、フランス人、ロシア人などがこの民族の単位に当たる。これは客観的な基準によって成立するのではなく、あくまで集団の構成員の思い込みで決まる。同じ言葉を話したり、同じ宗教を信じていれば、この思い込みは容易になる。こうした民族主義が高まってくると、多数派のキリスト教徒は、少数派のユダヤ教徒を排除する傾向が強まった。ユダヤ人を、同じ民族として受け入れようとはしなかった。宗教

が違うからである。特に、ロシアや東欧ではポグロムと呼ばれるユダヤ人迫害の嵐が強まった。

ユダヤ人が、民族国家のメンバーとして認められないならば、のけ者にされた自分たちだけの国を創ろう。そうすれば、そこではユダヤ教徒という宗教の違いゆえの差別は存在しなくなる。これがシオニズムを生み出した考え方である。その考えを1896年に『ユダヤ人国家』という本にして出版したのが、オーストリアのジャーナリストであるテオドール・ヘルツルである。ヘルツル自身は、熱心なユダヤ教徒というわけではなかった。ヘルツルを含めて、この運動の中心メンバーの何人かは、ユダヤ人国家の建設の場所は、どこでも良いと考えていた。実際、ユダヤ人国家を創る場所として、南アメリカや東アフリカなども検討されている。だが、結局はパレスチナが選ばれた。そこは、祖先たちが生活していた土地との認識がユダヤ人たちの間にあったからだ。

パレスチナでの建国をめざすことになったため、ユダヤ人国家の建設運動はシオニズムと呼ばれるようになった。また、この運動を信じる人々をシオニストと呼ぶ。

帝国主義と社会主義

しかし、考えてみれば途方もない話である。外国の土地に自分たちの国を創ろうというのである。シオニストは「人々のいない国を　国のない人々に」とのスローガンでパレスチナへの移民を推し進めようとした。しかし、そこは無人の地ではなく、パレスチナ人の土地であった。そこに、すでに住んでいる人たちをどうするつもりだったのだろうか。

こうした思考を理解するためには、19世紀末という時代風景を想像する必要がある。それは帝国主義の時代であった。ヨーロッパが圧倒的な力でアジアやアフリカを侵略し支配した時代であった。その当時は、アジアやアフリカの運命をヨーロッパ人が勝手に決めていた。すでに人が生活しているパレスチナにユダヤ人の国を創ろうという企ての時代的な背景であった。

シオニストは、入植を始めた。つまりヨーロッパからユダヤ人が移住を始めたのである。パレスチナ人の地主から土地を購入しての小規模な植民活動が始まった。進んだヨーロッパの農業技術と現地の労働力の融合が起これば、ユダヤ人とパレスチナ人の関係は違ったものになっていたかも知れない。しかしシオニストたちの思考と行動は、それを許さなかった。

シオニストたちは、西ヨーロッパのユダヤ人社会を普通でないとみなしていた。そこではユダヤ人の農民は、ほとんど存在していなかった。多くは商業や知的職業についていた。なぜならユダヤ人は、ヨーロッパではゲットーと呼ばれるユダヤ人居住区に住むことを強制されていた。また土地を所有したり農業に従事したりすることを許されない場合が多かったからである。

それゆえシオニストたちは、パレスチナでは、この異常さを矯正しようとした。土地の所有と農業に大きな価値を置いた。したがって自ら農作業に従事することが大切であった。となると、パレスチナ人の労働力は不要であった。ひとたびシオニストが不在地主などから土地を購入すると、その土地では、もはやパレスチナ人は働けなかった。

こうした小作農を雇用しないという行動の背景にあったのは、ヨーロッパで流行していた社会主義の考え方の影響でもあった。ユダヤ人入植者たちは共産主義の理想に近いと考えられたキブツ（共同農場）などを設立して農業に従事した。つまりシオニズムは、19世紀末にヨーロッパで吹いていた三つの風、つまり民族主義と帝国主義と社会主義の思想を追い風として、パレスチナへと船出した。

第一次世界大戦とイギリスの「三枚舌」

シオニストたちが、国家建設の地と定めたパレスチナは、それでは誰が支配していたのだろうか。第一次世界大戦の終結まで、オスマン帝国という国が存在した。この帝国は、現在のトルコのイスタンブールに首都を置き、ヨーロッパ、アジア、アフリカに及ぶ巨大な領域を支配していた。パレスチナは、この帝国の一部であった。そこにはイスラム教徒、キリスト教徒、そして少数ながらユダヤ教徒も生活していたが、宗教をめぐる争いはなく、400年間にわたって基本的には平和に暮らしていた。三大宗教の聖地があれだけ近くにあるのに、うまくやっていたという事実は非常に重要である。つまり、紛争はヨーロッパという外から持ち込まれてきたものであることがわかる。

さてシオニストたちは、まずオスマン帝国の支配者を説得して、パレスチナへの移住を始めた。やがて1914年に第一次世界大戦が始まった。イギリス、フランス、ロシアなどの連合国側と、ドイツ、オーストリアなどの同盟国側の戦争であった。オスマン帝国は、ドイツやオーストリアなどの同盟国側に参加した。

連合国側のイギリスは、オスマン帝国を混乱させようとした。まず一方では、オスマン帝国支配下のアラブ人に反乱をけしかけた。戦争に勝利した後には、アラブ人の独立国家を約束した。

1915年から16年にかけて、イギリスの指導者のアーサー・ヘンリー・マクマホンとアラブ人の指導者のシャリーフ・フセインとの間に書簡が交換された。その中でイギリスは、アラブ人の独立国家を約束した。これをフセイン・マクマホン書簡と呼ぶ。それに従い、フセインは反乱を指導した。このシャリーフ・フセインとの連絡係としてイギリス軍から派遣されたのがトーマス・エドワード・ローレンスであった。のちに制作された『アラビアのロレンス』という映画の主人公である。

また他方でイギリスは、シオニストたちの戦争への協力も求めた。そしてシオニストたちに、戦争に勝利を収めた後には、パレスチナに国家のようなものを創ることを許すと1917年に約束した。英語では national home と表現されている。「民族的郷土」などという翻訳臭の強い日本語で言及される場合もある。これは国家未満だが、それに近い存在である。いずれにしろ、ユダヤ人のパレスチナへの入植を許容する内容である。イギリスの外務大臣のアーサー・ジェームズ・バルフォアが、この声明を発した。この政治家の名前を取って、ユダヤ人への約束はバルフォア宣言として知られる。一つの土地を、アラブ人とシオニストの両方に約束したわけである。

イギリスは、一つしかないパレスチナという土地を、アラブ人とユダヤ人の両方に約束してしまった。二枚舌との、そしりは免れない行為である。

ところが、実はイギリスは二枚舌ではなかった。というのは、ロシアとフランスとの交渉で戦勝後のオスマン帝国の分割に関して合意していたからだ。そして、アラブ人地域の分割に関してはイギリスとフランスの間に密約が成立していた。その密約によれば、パレスチナはイギリスの支配下に入る予定であった。この合意は、交渉を担当したイギリスのサイクスとフランスのピコの名を取ってサイクス・ピコ協定として知られる。つまりイギリスは二枚舌ではなく三枚舌であった。

では、第一次世界大戦後にイギリスはパレスチナをどうしたのだろうか。アラブ人との約束を守り、ユダヤ人を裏切ったのだろうか。それともユダヤ人との約束を守りアラブ人を裏切ったのだろうか。イギリスは両方との約束を破り、両方ともを裏切った。パレスチナを自国の委任統治領にしたからだ。紳士の国ならではの三枚舌外交であった。

委任統治の〝委任〟とは、誰に委任を受けるのだろうか。それは第一次世界大戦後に設立された国際連盟である。ニュアンスは将来の独立を想定しており、その準備が整うまでの期間をイギリスが国際連盟に代わって統治する、である。時代も20世紀に入り、さすがに「植民地にする」と言うのははばかられたから「委任統治」という概念が発明されたわけだ。実質は植民地であった。

ナチスの台頭とユダヤ人移民

こうしてパレスチナの支配者がオスマン帝国から大英帝国（イギリス）に入れ代わっ

た。シオニストは、今度はイギリスに対してユダヤ人の移民のパレスチナへの受け入れを働きかけた。しかしながら、移民の希望者を集めるのにシオニストたちは苦労していた。というのは、ロシアや東ヨーロッパで迫害されたユダヤ人の多くはアメリカに移住し、パレスチナへの移民は希望しなかったからだ。多くのユダヤ人たちは、自由の女神像の待つニューヨークへと向かった。シオニズムはアメリカン・ドリームに完敗した。

またシオニズム自体に否定的な考えも多くのユダヤ人の間で根強かった。つまり、宗教を基準にしてユダヤ人を民族と見なす考え方に否定的であった。ドイツのユダヤ教徒もフランスのユダヤ教徒も、同じ宗教を信じているので同じユダヤ民族である、との見方に対する懐疑であった。ドイツのカトリック教徒もフランスのカトリック教徒も、同じカトリックであるからカトリック人という民族である、といった議論は誰も本気にしない。それなのに、なぜユダヤ教徒だけを宗教で民族と分類するのだろうとの疑問である。フランスのユダヤ教徒は、フランス人であり、たまたま宗教がユダヤ教なのである。ユダヤ人なる民族は存在しないとの発想であった。この考え方はシオニズムにとっては、なかなか手ごわかった。

この時にシオニズムを〝助けた〟のはアメリカとドイツであった。アメリカでは1924年から移民の受け入れを制限するようになり、ユダヤ人が入国しづらくなった。また1930年代からドイツでのナチスの台頭が、同国のユダヤ人が海外へ移住する圧力となった。しかもアメリカに入れないので、やむなく多くのユダヤ人たちがパレスチナに移り住むようになった。多数のユダヤ人をパレスチナに送り込むという、シオニストだけの力ではなしえなかった事業を、アメリカの移民政策とヒトラーの差別政策が達成したのだった。ナチスはドイツ人の血の純潔を守るためにユダヤ人を排除しようとした。シオニストはユダヤ人だけを集めた国家の樹立を目指していた。ナチズムとシオニズムは、同じ一枚の硬貨の表と裏のような発想であった。

従来、パレスチナにやってくるヨーロッパ移民の多くは、貧しい層の出身であった。ところが、ヒトラーの政権奪取以降のドイツからの移民は違った。豊かな層も含まれていた。資本と技術を持ったユダヤ人の流入により、パレスチナのユダヤ人社会は急速に発展した。その傍証の一つを指摘しよう。たとえばパレスチナ交響楽団が1936年に結成されている。現在のイスラエル交響楽団の前身である。この楽団の結成が示したのは、新しい移民たちの教養の高さであった。ヨーロッパの古典音楽を楽しむような層であった。しかしユダヤ人社会が大きくなると、現地のパレスチナ人との摩擦も強くなっていった。

第二次世界大戦と対イギリス闘争

１９３９年に第二次世界大戦が始まると、ナチス・ドイツ占領下のヨーロッパでは、ユダヤ人の絶滅政策が始められた。ユダヤ人が集められ隔離されヨーロッパ各地に建設された絶滅収容所に送り込まれた。この死のネットワークで６００万人のユダヤ人が殺害された。このユダヤ人の大虐殺はホロコーストとして知られる。

一つ強調しておきたい点がある。それは、この絶滅収容所の闇で消えた途方もない数の命の約半分は、ユダヤ人ではなかったという事実である。障がい者や同性愛者、ナチスに抵抗した人々、捕虜となったソ連軍兵士、ロマ人（ジプシー）などであった。絶滅収容所で殺害された人々の総数は１０００万人を超えると推定されている。その内の６

00万人はユダヤ人であり、他はユダヤ人以外の人々であった。

第二次世界大戦末期にアメリカやイギリス、ソ連などの連合軍が、ドイツの支配していた地域に進撃し、絶滅収容所を解放した。これによって、ナチスの残虐行為が広く知られるようになった。そして欧米の人々の間でユダヤ人に対する同情の念が高まった。1945年に第二次世界大戦が終結すると、ヨーロッパで生き残ったユダヤ人たちは、パレスチナを目指した。

世界の各地で激戦が展開される中、パレスチナ現地での情勢はいかに展開していたのだろうか。まず、パレスチナ側の指導層は、ドイツと接近した。パレスチナ人は、イギリスの委任統治下でのユダヤ人の流入に反対していたので、イギリスの敵であったドイツへの接近は自然なことであった。「敵の敵は味方」である。しかし第二次世界大戦が終わると、すでに見たようにユダヤ人に対しては同情が高まったのに対して、パレスチナの指導層には対ナチス協力者の烙印が押された。パレスチナ人に利のある状況ではなかった。

また、パレスチナにいるシオニストは地下で軍事組織を準備していた。のちのイスラエル国防軍である。シオニスト指導層は親イギリスであった。ユダヤ人を迫害しているナチス・ドイツと戦うイギリスへの支持は、当然である。ドイツの勝利は、ユダヤ人の全滅を意味していたからだ。しかし、やがてドイツの敗色が濃くなると、ユダヤ人の地下軍事組織は、パレスチナの支配者であるイギリス当局に対するゲリラ活動を活発化させた。現在のハマスと同じで、「民族解放」の目的のためであれば、どのようなことでもするという姿勢だった。イギリスから見ればテロ攻撃である。イギリスをパレスチナから追い出すためであった。

その代表的なものが、１９４６年のキング・ディビッドホテルの爆破事件である。当時、イギリス当局の政庁などが置かれていたエルサレムの高級ホテルが爆破され、91名が死亡し、46名が負傷している。犯人はシオニスト過激派のイルグンという民兵組織で、そのリーダーは後にリクードという政党を創設しイスラエル首相となるメナヘム・ベギンであった。当時、ベギンはイギリス当局からテロリストと扱われたが、首相になった際にはエジプトとの和平合意を理由にノーベル平和賞を贈られている。そして、現在のリクード党首でありイスラエル首相のネタニヤフは、この事件について軍事作戦を持った正当な行為であり、テロではないと主張している。

イスラエル建国とナクバ

第二次世界大戦が終わると、戦争で疲れたイギリスには、もはやパレスチナを支配し続ける力も意志も残っていなかった。イギリスは委任統治権の返還を決めた。イギリスは、国際連盟の後継機関である国際連合に、パレスチナの統治権を返還しようとした。下駄を預けられた国際連合は、パレスチナの分割を提案した。この分割の提案は、ユダヤ人側に有利であった。ユダヤ人が所有していた土地は、6パーセント程度にしか過ぎないのに、パレスチナ全体の半分以上（55％）がユダヤ人に割り当てられていた。人口は、ユダヤ人65万に対して、パレスチナ人は100万を超えていた。つまり、少ない方に半分以上の土地を与える内容である。これではパレスチナ人が決議に反対するのも当然である。なお、ユダヤ人とアラブ人の双方が強い愛着を持つエルサレムに関しては、国際管理が想定されていた。

１９４７年にパレスチナの分割案が国連総会の投票で採択された。投票結果は、賛成が33票、反対13票、棄権が10票、欠席が1票であった。当時は国連の加盟国数は、わずか57と少なく、現在の１９３の加盟国の約四分の一であった。しかも当時の加盟国の大半が欧米とラテン・アメリカ諸国であった。

この決議を受け入れたシオニスト側は、１９４８年にイギリスがパレスチナから撤退すると、イスラエルの建国を宣言した。逆にアラブ諸国は、国連決議を拒絶した。そして周辺のアラブ諸国の軍隊がパレスチナに侵攻して、第一次中東戦争が始まった。パレスチナ人自身は、組織的な軍事行動を取るだけの力を持っていなかった。委任統治下でイギリス当局の厳しい弾圧を受けたせいであった。生まれたばかりのイスラエルは、大きな損害を出しながら、指揮系統がバラバラのアラブ各国の軍隊を撃破して生き延びた。これをイスラエルでは独立戦争と呼ぶ。また世界的には第一次中東戦争として知られている。

この勝利によってイスラエルは、イギリスの委任統治下にあったパレスチナの約78％を支配下に収めた。戦争により、国連決議案を上回る領土を手に入れた。残りの22％は

1948年5月14日、イスラエル独立宣言（写真：AP／アフロ）

ガザ地区とヨルダン川西岸地区であった。そして前者はエジプトが、後者はヨルダンが支配下に入れた。ガザがエジプトの支配下に入った点についてはすでに言及した。そしてエルサレムは東西に分割された。歴史的地区を含む東エルサレムをヨルダンが、西エルサレムをイスラエルが制圧した。

この戦争に勝ちユダヤ人国家が生き残った。シオニストの夢がついに実現した。しかし、パレスチナ人にとっては悪夢の始まりであった。この過程で70万人を超える多くのパレスチナ人が難民となった。アラビア語では、この事件は「ナクバ（大惨事）」として知られ、パレスチナ難民問題の原点になっている。

イスラエルは、難民が故郷に戻るのを妨げ、難民の残した家や土地を没収し、新たにヨーロッパや中東各地から移民してきたユダヤ人に与えた。ヨーロッパでマイノリティー（少数派）であったユダヤ人たちは、マジョリティー（多数派）のキリスト教徒による迫害を受けた、被害者であった。しかしヨーロッパでは被害者であったユダヤ人たちが、パレスチナでは加害者となった。

なぜパレスチナ人が故郷を離れたかに関して、イスラエル側は以下のような説明をしている。アラブ諸国が、攻撃をかけるので避難するようにとラジオで呼びかけた。それに応じてパレスチナ人は、自らの意志で移動した、というものであった。難民となったパレスチナ人自身の説明は、異なっている。逃げ出したのは、シオニストの軍隊により生命を脅かされたからである。「自発的な」移動などではなかった、とパレスチナ難民は証言している。実際、第一次中東戦争が始まる以前に、シオニストの軍がパレスチナ人の村で人々を虐殺したという記録もある。また、21世紀になってから、少数ながらイスラエルの元兵士たちが、実はパレスチナ人を殺害したとか、脅かして追い出したとか証言するようになった。

世界はパレスチナ人の悲劇を〝見なかった〟

途方もない悲劇が起こったのだが、当時の世界では、パレスチナ人に対する同情心が燃え上がりはしなかった。その理由の一端は、第二次世界大戦中に数百万人のユダヤ人がヨーロッパで虐殺される事件が起こり、世界の人々がユダヤ人に同情的だったからである。この点についてはすでに言及した。もう一つの理由を挙げるとすると、パレスチナ人の悲劇を伝える映像が世界に出回らなかったからである。これは大きい。世界は、この悲劇を〝見なかった〟のである。

かつてパレスチナ問題のテレビ番組を制作した経験がある。その時に直面した課題は、このナクバの映像探しだった。写真は少しあるのだが、動画が見つからない。当時は動画の撮影が、まだ技術的に難しかったのか。それもあっただろう。しかし、もっと大きな理由があった。それを教えてくれているのが、『ニューヨーク・タイムズ』紙の特派員だったトーマス・フリードマンだ。アメリカでベストセラーとなった『ベイルートからエルサレムへ』という著書で以下の旨を語っている。
〈動画を撮影したヨーロッパのジャーナリストはいた。だが、動画のインパクトを恐れたイスラエルの諜報当局が、空港の通関時に密かにフィルムを光にあてて映像を破壊した。ジャーナリストはヨーロッパに戻って役に立たないフィルムを発見した。イスラエル側は映像の力を十分に認識していた〉

ところが現在は、ガザから殺戮の様子を生々しく伝える映像が届く。こうした映像が、全世界的規模での即時停戦を求める運動を引き起こしている。これまでならば、攻撃を受け殺戮される側は、ただ殺されるだけで、映像を発信することはできなかった。ところが、現在ではスマホさえあれば映像を撮影し世界に向けて発信できる。そして、現在では誰もがスマホを持っている。イスラエルは現地から送り出される映像を管理できなくなった。殺される側の視点が、世界で共有されるようになった。映像によって喚起された国際世論が、今回の戦争の即時停止を求める運動のエネルギーの源泉になっている。道理を求める国際世論と冷酷な国際政治の論理が、力いっぱいの綱引きを演じている。

世論の味方は映像である。

ところでスマホに最も縁の深い人物は誰だろう。それは、この機器を普及させたアップル社の創業者であるスティーブ・ジョブズだ。ジョブズの両親はアメリカ人である。だが、実はジョブズの父と母は育ての親である。

ジョブズの産みの親はシリア生まれだ。アブドルファッターフ・ジョン・ジャンダーリーというシリアからアメリカへの留学生だ。ジャンダーリーは、理由があってスティーブを養子に出し、引き取ったのがジョブズ夫妻だった。ジャンダーリーは大学卒ではなかった。そこで、養子に出す際に、息子を大学に進学させてくれと頼んだと伝えられている。このスティーブが長じて、アメリカ西海岸の名門のスタンフォード大学に進学した。その後にアップル社を創業し、パソコンやスマホを製造して世界を変えた。産みの親との関係は微妙だったようだ。そのジョブズが、どのような感情をアラブ世界に抱いていたのかは知るよしもない。しかしパレスチナの北にあるシリアにルーツのあるジョブズが普及させたスマホが、ガザの悲劇を世界に伝えている。

スエズ動乱

さて第一次中東戦争の8年後の1956年には、スエズ動乱（第二次中東戦争）が起きた。この戦争の舞台となったのはエジプトのスエズ運河である。

スエズ運河は、国際交通の要であり、スエズ運河会社は莫大な利益を上げていた。しかしながら、この会社と運河を支配していたのは、エジプトではなく株の大半を保有するイギリスであった。エジプトのナセル大統領は、スエズ運河地帯での主権回復をめざし、運河の国有化を宣言した。対するイギリスは、フランスとイスラエルを誘ってエジプトを侵略し、ナセル政権の転覆を画策した。イスラエルにとってエジプトは、アラブ諸国でもっとも人口が多くもっとも手強い敵であった。そしてナセルが権力を握ってから、ソ連から武器が供給されていた。エジプトがさらに強くなる前に叩いておくべきとの理由からの参戦であった。

3カ国の軍はエジプト軍を圧倒したが、アメリカとソ連が侵略行為の停止と撤兵を求めた。この時期には珍しい米ソの一致した反発の前に、3国は撤兵せざるを得なかった。

この侵略戦争へのソ連の反応は当然だった。エジプトに武器を送って接近していたのだから。だがアメリカの大統領であるアイゼンハワーは、なぜイギリス、フランスの行動を批判したのだろうか。それは、ちょうどこの時期に、ハンガリーで民衆の反ソ蜂起が発生していたからだ。ソ連のフルシチョフは、軍事力でこの暴動を鎮圧する機会をうかがっていた。逆にアイゼンハワーは、世界の目をハンガリーに集めることでソ連を牽制しようとしていた。その矢先にスエズで戦争が始まった。世界の注目が中東に移る中、フルシチョフはソ連軍を動かしてハンガリーの反乱を押さえ込んだ。スエズでの戦争が、その煙幕の役割を果たした。このエピソードについては、後の章で別の側面から再び語りたい。

いずれにしろ米ソの支援を受けたナセルは、軍事的敗北を政治的勝利に変えた。侵略軍が撤退したのだから。それがナセルの影響力を急激に上昇させた。ついに帝国主義者を撃退した指導者がアラブ世界に現れたのである。アラブ人の民族感情は一気に沸騰し、このナセルの指導の下に全アラブ世界を統一しようとの動きが高まった。パレスチナ人の間でも、ナセルがアラブを統一し、イスラエルから故郷を取り戻してくれるのではないかとの期待が高まった。

第三次中東戦争と占領

しかし、ナセルへの希望は絶望へと変わる。１９６７年の第三次中東戦争によってである。アラブ諸国とイスラエル軍との緊張が高まり、イスラエル空軍が奇襲攻撃を行った。エジプト、シリア、ヨルダンの空軍の大半は、飛び立つこともなく、またたくまに地上で壊滅させられた。遮蔽物のない砂漠で、制空権を確保したイスラエル軍は、圧倒的優位に立った。６日後に戦闘が停止されたときには、エジプトはガザ地区とシナイ半島を、ヨルダンはヨルダン川西岸地区全域を、シリアはゴラン高原をイスラエルに奪われていた。６日間で中東の政治風景は一変した。

この第三次中東戦争の結果、歴史的なパレスチナ全土がイスラエルの支配下に入った。ヨルダン川西岸とガザ地区のイスラエルによる占領も、この時から始まった。ヨルダン川西岸とガザ、そしてシナイ半島とゴラン高原は、国際法上は占領地とされる。しかしこの占領地にユダヤ人が移り住み始めた。これを入植と呼び、占領地でユダヤ人が住んでいる地域を入植地と呼ぶ。占領地に占領側の国民を住まわせることは国際法で禁じられているが、イスラエルは入植地の拡大を続けた。

アラファトとPLO

パレスチナ人は、アラブ諸国の大敗とイスラエルによる占領に大きなショックを受けた。もはやアラブ諸国には期待できない。パレスチナ人は、自ら戦って故郷を取り戻すしかないとの決意を固めた。その先頭に立ったのが、ヤセル・アラファトであった。

アラファトはファタハという名のゲリラ組織を率いて、ヨルダンを拠点に出撃した。1969年、アラファトのゲリラを追ってイスラエル軍がヨルダンに侵入した。ファタハのゲリラは、これを迎え撃って撃退した。カラメという村での小さな勝利であった。だがそれでも、アラブ諸国が歯が立たないイスラエル軍に対して、小規模ながら一矢報いたアラファトは、パレスチナの英雄となった。アラファトは、1969年にパレスチナのさまざまな組織が参加するＰＬＯ（パレスチナ解放機構）の議長に就任し、パレスチナ側の代表者になった。アラファト率いるファタハは、ＰＬＯの中の最大の派閥であった。

パレスチナの解放を標榜するＰＬＯは、いかなるパレスチナ国家の樹立を主張していたのであろうか。パレスチナ全体にイスラム教徒、キリスト教徒そしてユダヤ教徒が宗教による差別なく生活できる。そうした非宗教的な民主国家を樹立するというのが、ＰＬＯが綱領に掲げた目標である。それは、ユダヤ人と非ユダヤ人を峻別するシオニズムに対する反論であった。パレスチナを巡るパレスチナ人とユダヤ人の二つの民族主義の対立という構図を、ＰＬＯは拒絶していた。ＰＬＯとイスラエルの対立は、その宗教にかかわりなく全てのパレスチナ人に開かれた国家をパレスチナに樹立しようとする理念と、ユダヤ教徒のみの国イスラエルという思想との相剋である、とＰＬＯの解釈は位置づけていた。

さて、イスラエルと国境を接するアラブ諸国のうち、国力の弱いヨルダンでは、パレスチナ・ゲリラの活動は比較的に自由であった。ヨルダンは、現在も含めて住民の半分以上が１９４８年と１９６７年の戦争で難民となったパレスチナ人とその子孫である。そのため、ヨルダン政府としては、ゲリラに遠慮した政策を取らざるを得なかった。ヨルダン領からパレスチナ・ゲリラがイスラエル占領地へと出撃した。その報復にイスラエル軍がヨルダン領内のゲリラの基地を攻撃した。パレスチナ・ゲリラの活動は、ヨルダンの王政そのものも脅かすようになった。

こうした状況の中で、１９７０年にヨルダン軍とパレスチナ・ゲリラが衝突した。ヨルダン内戦である。ゲリラと正規軍の正面衝突では、結果は明らかであった。ヨルダン軍が勝利し、多くのパレスチナ人の命が失われた。敗れたアラファトは、残ったゲリラとともにレバノンに逃れた。レバノンもまた国力が弱く、パレスチナ・ゲリラの流入を阻止できなかった。アラファトは、今度はレバノンを拠点に、北からイスラエルを攻撃するようになった。

第四次中東戦争の教訓

１９７３年10月６日、エジプトとシリアがイスラエルを奇襲攻撃して、第四次中東戦争が始まった。その３年前にエジプトのナセルは逝去し、大統領は後継者のアンワル・サダトに代わっていた。

前回の戦争で圧勝したイスラエルは、まさかアラブ諸国が仕掛けてくるとは思ってもいなかった。そして前回の戦争で主役となったイスラエル空軍は、思ったような活躍ができなかった。エジプトが配備したソ連製の地対空ミサイルの餌食となったからだ。また、イスラエル軍の戦車部隊も苦戦した。エジプト軍歩兵が装備していたソ連製の対戦車ミサイルの前に48時間で５５０両の損害を出して敗退した。イスラエル軍の誇りであった戦車は、対戦車ミサイルの前に高価な鉄の棺桶と化した。イスラエル国防軍の初めての敗北であった。

イスラエルの首脳は、アメリカへ緊急軍事援助を要請した。戦場で喪失した戦車や航空機の補充が、反撃には不可欠だったからだ。しかしアメリカは、またしてもイスラエル軍が圧勝してしまえば、さらに和平が遠のくのではないかと恐れた。アラブ側に軍事面で花を持たせることが、和平への突破口を開く道であるとの判断であった。

ところが、戦場で敗退したイスラエルは、国家存亡にもかかわる事態であるとの危機感を抱いていた。アメリカの緊急かつ大量の援助が得られない場合には、核兵器の使用をも考慮せざるを得ないとの姿勢を示した。この時イスラエルは、核ミサイルを実戦配備に移し、それを人工衛星から確認できるようにしたと言われている。イスラエルの置かれた状況の深刻さを知って、あわててアメリカは、緊急援助を開始した。大量の軍事物資がイスラエルへ空輸された。それを受けて反転攻勢をかけたイスラエル軍が形勢を逆転した。この段階でアメリカやソ連の圧力もあり、停戦が成立した。

この戦争の後に行われたイスラエルの総選挙では、政権交代が起きた。この戦争の緒戦での敗北の責任が追求され、建国からずっと与党であった労働党が野党になった。代わりに与党になったのは、イギリスへの激しい抵抗運動で名を馳せたメナヘム・ベギン率いる右派の政党リクードであった。

この戦争が現代の戦争に示唆を与えている点がある。それは、追い詰められた国は核兵器の使用の威嚇をためらわないことである。いま、ロシアとウクライナが戦争をしている。ロシアもイスラエルと同じように核兵器の使用を示唆して威嚇している。

キャンプ・デービッド合意

この戦争後に、エジプトはイスラエルとの和平を選択し、1978年にアメリカの仲介でキャンプ・デービッド合意に達した。エジプトは、度重なる戦争で国力を損耗していた。これ以上、イスラエルとの対決姿勢をとり続けることが難しくなっていた。サダトは第四次中東戦争では、当初からイスラエルに対して全面勝利を求めるのではなく、部分的勝利で譲歩を引き出せれば良いとの考えであった。

キャンプ・デービッドの合意により、エジプトはイスラエルを承認し、平和条約を締結した。そしてイスラエルは、エジプトにシナイ半島を返還した。シナイ半島にあったイスラエルの入植地も撤去した。この合意の柱の一つは、パレスチナ人の自治に関する規定であった。イスラエルはパレスチナ人の自治についての交渉を約束した。アメリカは、両国間の妥協を可能にするために様々な手助けを行った。たとえば、シナイ半島にあったイスラエル軍の基地のイスラエル国内への移転の費用を負担した。

さらに、エジプトに多額の経済援助を与えた。イスラエルとの公式の関係を開いたので、エジプトはアラブ世界の怒りを買った。それまでエジプトを財政的に支援していたサウジアラビアなどの産油国は、援助を打ち切った。アメリカの援助は、いわばその埋め合わせでもあった。

この条約締結は、しかしながらアラブ世界でエジプトを孤立させた。シナイ半島と引き替えにパレスチナ人を売り渡すものだとの批判の声が高まった。パレスチナ人の自治のための交渉が全く進捗しなかったからだ。和平合意で、イスラエルはパレスチナ人の自治についての交渉を約束していた。ベギンは、約束通り自治についての交渉は確かに行った。しかし、交渉を約しただけで、その結果として自治を与えるとは、イスラエルは約束していなかった。ましてやパレスチナ国家など外野の外のような話であった。自治交渉は行われたが、自治に関する合意には至らなかった。多くが予想した通りであった。1981年、サダト大統領は「アラブの裏切り者」として過激派により暗殺された。

イスラエルがシナイ半島の返還に応じたのは、包括的な和平の第一歩とするためではなかった。むしろ他の占領地を維持するためのものであった。エジプトとの和平合意は、イスラエルに圧倒的に有利な状況をつくり出した。イスラエルは、建国以来、北のシリアおよび南のエジプトという2つの敵国に挟まれてきた。ところがエジプトと和平を結び、南からの脅威を心配する必要がなくなった。軍事バランスはイスラエルに圧倒的に有利になった。アラブ側にはエジプト抜きで戦争に訴えるという選択肢はなくなった。しかしイスラエルには戦争の選択肢があった。軍事的に余裕の出たイスラエルは、1982年に北のレバノンに侵攻する。レバノンを拠点にイスラエルへの攻撃を行っていたアラファト率いるパレスチナ・ゲリラを壊滅させるためであった。

レバノン戦争

イスラエル軍はたちまちレバノン南部を制圧し、首都ベイルートに迫った。イスラエル軍に包囲されたアラファトとゲリラは、アメリカの仲介でイスラエルと交渉して、北アフリカのチュニジアに亡命した。ゲリラが退去すると、パレスチナ人の難民キャンプが無防備になった。そしてサブラとシャティーラという2つの難民キャンプで、800人あまりの民間人が虐殺される事件が起きた。虐殺をしたのはイスラエル軍と同盟を結んでいたレバノンのキリスト教徒の武装勢力である。イスラエル軍は、難民キャンプを取り囲み、虐殺を黙認した。

レバノン戦争が終わってからも、イスラエル軍はレバノン南部を占領下においた。レバノン南部の人々は、やがて抵抗運動をはじめた。これが、ヒズボラの誕生につながった。ヒズボラについては第6章で紹介する。

この戦争の評価はイスラエルの中でも複雑である。これまでの戦争とは異なり、しなくても良い戦争を戦ったとの見方が一般的である。イスラエルの北部に対するパレスチナ・ゲリラの脅威があったのは確かである。しかし、イスラエルの生存そのものを脅かすようなものでは全くなかった。ましてやレバノンがイスラエルにとっての脅威であったわけでもない。イスラエルの歴史の中で戦争に参加することを拒否する兵士が初めて出たことからも、生存のための戦争という意識を国民が持てなかったことがうかがわれる。さらに、難民キャンプでの虐殺の後のテル・アビブでの抗議集会に40万の市民が集まった。これは、当時のイスラエルのユダヤ人口の約一割が参加した計算である。

そしてこの戦争が、圧倒的な力でアラブ側を蹴散らすイスラエルという新しい軍事強国像を生み出した。これまでの、アラブの海に囲まれながら健気にも必死で戦う弱小国のイメージはなかった。ベギンの登場によって、アメリカのユダヤ人たちが覚え始めたイスラエルへの違和感が、レバノン戦争で深められた。

奪われる土地、増える入植者

イスラエル軍による占領下にあるガザとヨルダン川西岸では、過酷な人権侵害が続いていた。そしてイスラエルは入植活動も続けていた。

ヨルダン川西岸につくられた入植地の数は現在３００カ所に迫っている。入植地に住む人の数は50万人以上となっている。イスラエルの法律では国内扱いになっているが、国際法上は占領地である東エルサレムにも、22万のユダヤ人が移り住んでいる。入植はタカ派のリクード政権の成立する1977年に始まったのではない。それ以前の労働党の政権の下ですでに起こっていた。熱狂的なユダヤ教徒の一団による占領地の侵食が始まっていた。そしてリクード政権が成立してからは、入植が加速された。様々な名目で土地が接収された。

水資源もユダヤ人の支配下に入った。占領地の水の8割が、パレスチナ人の手を離れて入植者やイスラエルが利用している。土地と水を奪われたパレスチナ人は、離農せざるを得なかった。しかも占領地での産業の振興をイスラエルは許さなかった。結果として、占領地に新たな職を求めることは困難となった。占領地のユダヤ化と歩調を合わせるように、日雇い労働者としてグリーン・ライン（第一次中東戦争の休戦ライン）の内部へと向かうパレスチナ人の姿が目立つようになった。時には建設労働者として入植地の建設に雇用されるパレスチナ人もいる。生活の糧を得るために、自らの土地を奪うユダヤ人のためにパレスチナ人が働く。ほとんど自らの血を売るに等しい行為であった。それ以外の仕事がないからである。そこまでパレスチナ人は追い詰められていた。

占領地も第三世界につきものの人口爆発を経験し、人口構成の若年化が大変な勢いで進行している。現在の占領地のパレスチナ人の大半が24歳以下であり、その大半は物心がついたときから占領下に暮らしてきた子どもたちであった。事実、すでに見たようにガザの人口の平均年齢は世界最低の水準である。こうした状況でもパレスチナ人は勉学を続けている。占領地の大学から毎年数千人を越す卒業者が出ている。しかし、その教育水準にふさわしい職があるはずもない。

多くが石油ブームに沸く湾岸へと出稼ぎに出た。しかし、１９８０年代半ば以降の石油価格の下落は、産油国の経済を直撃し出稼ぎの機会も失われていった。湾岸からの送金は減少し、代わりに職を失った出稼ぎたちが戻ってくるようになった。狭い占領地に職のない若年人口が充満していた。しかもシオニストによる土地の収奪により、占領地のパレスチナ人の空間はますます狭くなりつつあった。パレスチナ人の鬱積した感情が爆発するのは時間の問題であったのかもしれない。

にもかかわらず、世界は占領地のことなど忘れているようであった。逆に占領地へさらにユダヤ人が送り込まれようとしていた。ソ連でゴルバチョフの時代が始まり改革が進むと、ユダヤ人たちのイスラエルへの大規模な移住が始まった。実は、この頃までにイスラエルは、入植者の不足に直面していた。熱狂的な宗教心に燃え、シオニストの夢の実現のためにアラブ人から土地を奪って住みつこうというユダヤ人はそんなに無尽蔵にいるものではない。そこで政府は入植地の建設に補助金を与えて、入植地なら安く住宅が手に入るような仕掛けにして入植者を募り始めた。結果として、入植者と言っても実情はグリーン・ライン内部よりも住宅の入手が容易だからとの理由で、入植地を選んだイスラエル版の〝埼玉都民〟や〝千葉都民〟のような人々が増えていた。

占領地からイスラエルへ通勤するわけである。入植地という言葉からは砦のようなものを想像しがちだが、実際は日本の公団住宅や私鉄沿線の新興住宅地といった風情の場所もある。入植者の85%は、エルサレムかテル・アビブまで30分の通勤圏に居住している。

だが、入植者の動機がイデオロギーであろうが安価な住宅であろうが、結果としてパレスチナ人の土地が奪われるのには変わりはない。ソ連からのユダヤ人の移住という潜在的な入植者の増加は、パレスチナ人の警戒心を煽った。

インティファーダ

そうした中で、１９８７年にインティファーダ（大衆蜂起）が起きた。当時チュニジアにいたＰＬＯが指導したわけではない。ガザ地区に自然発生的に起こった住民の占領に対する抵抗運動は、たちまち西岸に飛び火し占領地全体を巻き込む蜂起に発展した。人々は、イスラエル軍に石を投げ、タイヤを燃やして交通を妨害して、イスラエルの支配に挑戦した。イスラエル軍は、次々にパレスチナ人を撃った。逮捕し、投獄し、拷問し、家を爆破した。それでも投石は続いた。パレスチナの大人たちが逮捕されると、子どもたちが、そして女たちが続いた。最初の1年だけでパレスチナ人２万人が逮捕され、３００人が死亡し、低めに見積もっても３５００人以上が負傷した。だがインティファーダは続いた。これまでのコストのほとんどかからない占領が、非常に高くつく占領に転化した。武器を持たず石を投げる群衆への対応に、イスラエル軍は困惑した。

イスラエルにとっては、治安維持のための兵員の増強が必要になった。そして、その費用がイスラエル経済に重くのしかかった。また占領地の騒擾は、観光収入の激減にな

1987年、インティファーダで投石するパレスチナの若者（写真：AP／アフロ）

って跳ね返った。それはイスラエルの対外イメージの低下の反映であった。インティファーダとその鎮圧の様子は、テレビによって全世界の家庭に伝えられた。石で強大なイスラエル軍に立ち向かうパレスチナ人の姿は、生々しい臨場感で茶の間に現れ、世界の良心を揺さぶった。聖書に登場する巨人ゴリアテと勇敢な若者ダビデの対決そのものだった。しかもダビデの王国の子孫を自認するイスラエルがゴリアテだった。イスラエル支持のアメリカのユダヤ人でさえもが占領という醜い事実から目を背けられなくなった。メディア操作に長けているはずのイスラエルでさえも、そのイメージを守れなかった。

インティファーダは、世界にパレスチナ問題の存在をもう一度思い起こさせた。こうした状況を前に、イスラエル国内では、パレスチナ人との交渉を求める声が高まった。

なお、インティファーダによって誕生したのが、前にも見たようにハマスやイスラム聖戦といったイスラム組織である。ただ、当初は武装されておらず、投石や火炎瓶程度での攻撃を行っていた。手製の爆弾をつくり、爆発させるようになるのは、インティファーダの開始から何年も経ってからのことであった。

オスロ合意の課題

転機となったのは、1992年に労働党のイツハク・ラビンがイスラエルの首相になったことである。ラビンは、1967年の第三次中東戦争の際に参謀総長を務め、イスラエルを歴史的な勝利に導いた人物である。

このラビン政権が、密かにノルウェーでアラファトの側近と接触し、交渉を開始した。

そして、１９９３年に両者は合意に達した。これをノルウェーの首都オスロの名をつけて、オスロ合意と呼ぶ。アメリカのビル・クリントン大統領が両者をワシントンのホワイトハウスに招き、調印式を行った。これまで敵同士であったラビンとアラファトが、はじめて手を握り合った。これによりインティファーダも終わった。

オスロ合意の内容は、前にも紹介したように次の３点にまとめられる。第一に、イスラエルとＰＬＯの相互承認である。第二に、イスラエルが１９６７年に占領した地域の一部でのパレスチナ人による自治の開始である。第三に、その他の問題の交渉の先送りであった。

第一の点については、イスラエルがテロ組織とみなしてきたＰＬＯをパレスチナ人の代表と認めたこと、またＰＬＯがイスラエルを認めたことの意義は、いずれも大きい。相互に認め合ったことで、交渉が可能になった。

第二の自治というのは、パレスチナが政府を持つことを意味した。ただし国家ではないので軍事部門は与えられない。その他の点では、自分たちで決定できるようにしようということである。問題は、自治地域が狭かったことである。具体的にはガザ地区と、

1993年、ホワイトハウス前で握手するアラファト（右）とラビン（左）。中央はビル・クリントン（写真：AP／アフロ）

ヨルダン川西岸地区のエリコという小さな町のみに自治地域が限定されていた。オスロ合意に基づき、アラファトはパレスチナに戻り、パレスチナ自治政府の指導者となった。国はまだ存在しないが、その大統領的な存在となった。議会選挙も行われ、アラファトの支持母体であるファタハという組織が、議席の過半数を占めた。

第三の点は、その他の問題の交渉を先送りにした点であった。イスラエルと将来のパレスチナ国家との最終的な境界、あるいはエルサレムをどうするのか、パレスチナ難民の故郷への帰還についてなど、重要な問題が、すべて将来の交渉に先送りされた。

その後の交渉により、パレスチナの人口密集地域からのイスラエル軍の撤退が行われ、パレスチナ人の自治地域はわずかに拡大した。しかし、ヨルダン川西岸地区の最大の都市であるエルサレムは例外であった。依然としてイスラエル支配下にあった。

オスロ合意以降の交渉を和平プロセスと呼ぶ。しかし、その後の交渉の停滞は、この合意の評価を変えた。そもそも合意の内容は公正かつ永続する和平を実現するには十分ではなかった、との認識も広がっている。イスラエル側は交渉を約束しただけで、その結果に関しては何の保証も与えていない。キャンプ・デービッド合意でのベギンの手口を想起させる。つまり交渉は規定されていたが、結果は約束されていなかった。

その上、合意はイスラエルの占領地への入植活動に関しては何らの規制も行っていない。事実イスラエルは、パレスチナ人から土地を奪い続け、ヨルダン川西岸へのユダヤ人の入植活動が続いている。これでは、占領地の将来についてイスラエルとパレスチナ側が交渉をしようとしているのに、交渉の対象を一方的にイスラエルが侵食しているようなものである。どうピザを分けるか二人で話し合おうとしているのに、その内の一人がピザを食べ続けているような状況である。もちろん食べているのはイスラエルである。

このような状況の継続を許したオスロ合意は、本質的に和平達成へのふさわしい交渉の枠組みではなかった、との理解が広がっている。

アラファトの手の内と足元

なぜ、このように不利な枠組みをアラファトは受け入れたのか。それは、手の内と足元を、イスラエルに見透かされていたからである。まず、ＰＬＯでのアラファトの指導的な地位を保障したものは、その集金能力であった。パレスチナ人が難民となった頃、湾岸産油国では石油開発ラッシュが起こっていた。そしてパレスチナ人は、アラブ世界では教育水準が高い労働者として知られていた。クウェートやサウジアラビアなどの湾岸産油国の成長を支えたのは、パレスチナ人の労働者であった。そして湾岸産油国は、アラファトを支援していた。

というのはＰＬＯに参加する他の抵抗組織は、アラブ諸国がイスラエルに敗れた理由を、アラブ世界の腐敗や後進性に求めた。ということは、産油国の古い君主制支配の打倒が、アラブが近代化するためには必要になる。こうした主張の組織は、産油国の王族は支援できない。ところが、アラファトは産油国の内政には口を出さずに、イスラエルと戦いパレスチナを解放することのみを訴えた。そのため、湾岸産油国はアラファト率いるファタハを優遇した。直接的支援だけでなく、アラビア半島の産油国で働くパレスチナ人に対するファタハによる徴税を認めた。

クウェートには税金がない。しかし出稼ぎに来ている40万のパレスチナ人に対しては、「解放税」と呼ばれる5％の所得税がかけられた。集めていたのはクウェート政府ではなく、アラファトであった。他のアラビア半島の産油国でも40万のパレスチナ人が生活していた。合計で80万のパレスチナ人からアラファトは税金を集めていた。

ところが1990年から91年にかけて起きた湾岸危機によって、この金脈が突然に枯渇した。1990年8月にイラク軍がクウェートに侵攻して湾岸危機が始まった。そして1991年に入ると、これが湾岸戦争に転化した。

このときアラブ世界は、アメリカを頼り、その軍事力でイラク軍をクウェートから排除しようとのグループと、アラブ内部で外交的に問題の解決を図ろうとするグループが対立した。アラファトは後者に属していた。イラクのクウェート侵攻の直後にアラファトはイラクの首都バグダッドを訪問した。そのアラファトとフセインが抱擁しあう映像が世界に流れた。クウェート人は激怒した。またクウェートの亡命政府を支持する他のアラビア半島諸国も同調した。そして湾岸戦争が起こりフセインが敗北した。

アラファトは、フセインという負け馬に賭けてしまった。イラクへの国連の経済制裁は湾岸戦争後も続いた。疲弊したイラクは、アラファトへ援助を行う力を失った。しかも、怒ったアラビア半島の君主たちはアラファトへの援助を打ち切った。その上、クウェートに生活していたパレスチナ人たちが追放された。解放税の払い手をアラファトは失った。アラファトは資金面から追い詰められ、ファタハという組織を維持するための新たな資金源を必要とした。アラファトが求めたのは国際社会からの大規模な援助であった。そのためには中東和平を動かさねばならない。アラファトは和平を求めていた。しかも、急いでいた。こうしてアラファトは、オスロ合意でパレスチナのほんの一部での自治の開始に合意した。和平プロセスが動き始めると、日米欧からの資金援助がアラファトが率いるパレスチナ暫定自治政府に流れ込んだ。こうしてアラファトは資金問題を解決した。しかしオスロ合意は、強者イスラエルと資金面で追い詰められていた弱者PLOの合意であった。ある意味では、ラビンはアラファトの足元を見て強硬な交渉姿勢を貫き、アラファトは譲歩に譲歩を重ねた。

それだけではない。アラファトの周辺の一人がイスラエルの諜報機関によって買収されており、チュニスのPLO本部には盗聴器が仕掛けられていた。ラビンは、アラファトの日常会話の内容を知っていたようだ。つまりラビンはアラファトの足元のみならず手の内を見透かしながら交渉した。近代国家とゲリラ組織の交渉力の違いの見えた場面であった。かくしてオスロ合意は成立した。

オスロ合意から2年後の1995年に、イスラエルのラビン首相が暗殺される。前にも触れた通り、犯人はユダヤ人であった。その翌年、ベンヤミン・ネタニヤフ率いるリクードが政権を取り、和平交渉は止まる。このときラビンが殺されなければ、和平交渉はどうなっただろうか。もちろん、今よりは良かっただろう。だが合意の経緯を考えても、パレスチナ国家が樹立できていたかどうかは、はなはだ疑問の残るところでもある。

ネタニヤフという男

ラビンの死後の選挙で政権を担ったネタニヤフとは、どのような人物であろうか。すでに簡単に言及している。ここではもう少し詳しく紹介したい。ベンヤミン・ネタニヤフは、イスラエル建国翌年の１９４９年生まれである。イスラエル史上初めて、イスラエルで生まれた首相となった。父親のベンジオンは歴史家で、修正シオニストでもあった。修正シオニズムは、アラブ人との妥協を排除し、ヨルダン川の両岸、つまり今のイスラエル、パレスチナ占領地、そしてヨルダンにユダヤ人国家を樹立することを目指していた。シオニズムの中でもひときわ強硬な考え方である。イスラエルの成立後にリクードに流れつく思潮である。

ベンジオンはアメリカの大学で教鞭を取った。父の「転勤」により14歳のネタニヤフは、アメリカで生活し高校を卒業した。その後18歳でイスラエルに戻り兵役につき、１９６７年から１９７２年まで軍に籍を置き、危険な任務に当たった。

特筆すべきは、１９７２年5月のベルギーのサベナ航空機がテル・アビブ空港でハイジャックされた事件である。ネタニヤフは特殊部隊の一員として同機に突入し、顔面を負傷している。退役後はアメリカに戻り、マサチューセッツ工科大学で経営学を学んでいる。ボストンで経営コンサルタント会社に勤務していたとき大学院生と結婚した。だが、この結婚はネタニヤフの不倫によって破局を迎える。

ネタニヤフをイスラエルに連れ戻すことになったのは、1976年のエール・フランス機がハイジャックされた事件だった。ハイジャック犯たちは、この飛行機を東アフリカのウガンダのエンテベ空港に着陸させた。この時、イスラエルの特殊部隊が、遠路ウガンダまで飛んだ。そしてウガンダの大統領のように装って機に近づいて犯人たちを射殺した。そして人質を奪回して無事イスラエルに帰還した。奇跡のような作戦の成功だった。

だが、この奪回作戦の際に救出部隊側に一名の犠牲が出た。それがネタニヤフの兄であるヨナタン・ネタニヤフであった。ヨナタンは国民的な悲劇の英雄となった。弟のネタニヤフは1978年にイスラエルに戻り、テロ対策を研究するヨナタン研究所を設立した。なお1981年にネタニヤフは再婚しているが、これもまた離婚に終わる。

その後、再度アメリカに戻り外交官として政治の世界に足を踏み入れる。ネタニヤフはイスラエルの立場を宣伝するため、テレビメディアを重視した。テレビというメディアに習熟したネタニヤフは、ニュース専門のテレビ局のCNNやアメリカの三大ネットワークの一つのABCテレビなどの常連のゲストとなった。イスラエルの顔としてアメリカのメディアで活躍した。

1984年には国連大使に昇任した。ネタニヤフは、アメリカ勤務の時代に裕福な全米のユダヤ人とのコンタクトを深め、自らの政界への出馬に備えて資金調達のネットワークを作り上げた。その一人が不動産業で成功したチャールズ・クシュナーだった。このクシュナーの息子のジャレッドが、後に大統領になるトランプの娘のイバンカと結婚している。そしてトランプ大統領の中東問題の上級顧問を務めた。

そしてイスラエルに戻ると、1988年にはリクードからイスラエルの議会クネセットの議員に当選し、外務次官のポストに就任している。

1991年の湾岸戦争の際には、CNNのような国際メディアにしばしば登場した。この戦争ではイスラエルはイラクのミサイル攻撃を受けた。実際には使われなかったが、化学兵器をイラクが使うのではと懸念された戦争でもあった。ミサイル攻撃を受けた際にはイスラエル国民は防毒マスクを持って防空壕に避難した。ネタニヤフは、防毒マスクを装着して出演するなどのパフォーマンスも交えながら、イスラエルの受けている脅威を海外のメディアに強調した。流暢な英語でイスラエルが置かれた危うい立場への理解を求めた。そうしたテレビ映りのよさを逆から見ると「浅い」とか「薄っぺらな」とも見える。事実、それがネタニヤフにつきまとうイメージである。この年、ネタニヤフは三度目の結婚をしている。

ネタニヤフを政界の舞台の中心に引き出したのは、1992年の選挙でのリクードの敗北だった。この総選挙でラビンの率いる労働党に敗れると、野に下ったリクード党内では新しい指導者を求める党員の声が高まった。そうした声に押されてネタニヤフは、1993年にリクードの党首選挙に出馬し勝利を収めた。

ハマスとの因縁

　このネタニヤフが首相になる過程で大きな役割を果たしたのがハマスのテロだった。この人物とハマスの間には深い因縁がある。復習もかねて、この点をもっと詳しくおさえておきたい。さて、話をオスロ合意の結ばれた頃に戻そう。１９９３年にオスロ合意を結んだ当時の首相は、労働党のラビンであった。ラビンの経歴を振り返っておこう。ラビンは、イスラエルが歴史的勝利を収めた１９６７年の第三次中東戦争時の参謀総長だった。勝利の立役者のラビンは、国民から絶大な人気があり、また信頼を集めていた。

　ラビンはオスロ合意を結び、占領地の一部を放棄した。客観的に見てイスラエルに有利な合意だったとはいえ、領土を放棄するというのは大変なことである。イスラエル国民を説得するのは大変である。しかしそこは、占領地を獲得したラビンが言うのだから、と考えるイスラエル人が多かった。ところが、このオスロ合意の後、ラビンは１９９５年11月に凶弾に倒れた。イスラエル人の極右の若者が、パレスチナ人との和平を結んだラビンを、神への裏切り者として暗殺した。ラビンの後継者として首相となったのが、外相であったシモン・ペレスである。

ペレスの目標は、次の総選挙での勝利であった。対立候補は、当時野党の党首であったネタニヤフである。国民に絶大な人気のあったラビンが亡くなった直後に選挙をすれば、弔い合戦となりペレスの勝利は確実視されていた。しかし、長らくラビンとライバル関係にあったペレスは、ラビンの名前で勝ちたくはなかった。そのために、ラビンが暗殺されてから、あえて半年後の1996年5月まで総選挙の日程を遅らせた。ラビンの遺影を掲げてではなく、自分の名前で選挙に勝ちたかったのだろう。

さて、この選挙キャンペーン期間中にハマスが大きな動きに出た。1993年にオスロ和平合意が結ばれた後、ハマスはおとなしくしていた。イスラエルを認めないハマスは、オスロ合意には基本的に反対であった。だが、和平プロセスが動き出したことで、ひとまず様子を見ている状態だった。ハマスは〝テロ活動〟などを控えていた。

ところが、選挙期間中にイスラエルの諜報機関がガザで「エンジニア」を発見した。これが事態を大きく動かした。エンジニアとは、爆弾を製造し、死を覚悟した若者に持たせてイスラエルに送り込み、自爆させていたパレスチナ人である。諜報機関は、長らくこの男の行方を探していた。その男を、ついに発見した。

ペレスには二つの選択肢があった。ひとつは、この男をそのままにしておくことだ。すでに和平プロセスは動き始め、この男もおとなしくしているからだ。第二の選択は、この男への報復であった。エンジニアは、多くのイスラエル人を殺している。その上、今後この男がテロを再開する可能性もある。さらに、もし放置しておけば、この男を探し出すために命をかけてきた諜報機関員の勇気が無駄になってしまう。ペレスは、男への報復を選んだ。

爆弾男の暗殺には、爆弾が選ばれた。爆弾を仕掛けた携帯電話を内通者が男に貸して、男が通話している際に、電話機に仕掛けられていた爆弾を諜報機関が爆発させた。1996年1月のことだった。これにハマスは黙っていなかった。イスラエルに対する報復を始めた。2月から3月にかけて、4回の自爆テロが、エルサレムとテルアビブで発生した。イスラエル国内でバスが、ショッピングセンターが、死を覚悟のパレスチナ人の若者によって爆破され、59人のユダヤ人が死亡した。この連続爆破テロが、ペレスには逆風に、対立候補のネタニヤフには追い風となった。

オスロ合意時の外相として和平交渉を担当したペレスは、選挙中に中東和平の希望を語った。しかしネタニヤフは、「労働党の和平によってイスラエルは安全にならなかった。かえって危険になった。バスに乗るのにさえ恐怖を覚えるようになった」と批判した。ネタニヤフはかつて、危険な任務で戦闘を経験してきた。そのため、安全保障に強いとアピールした。選挙期間中のハマスの連続爆破テロは、そのアピールへの強い追い風となった。選挙は、わずか3万票足らずの僅差でネタニヤフが勝利した。ネタニヤフは初めて首相となった。歴史を振り返ると、このペレスによるエンジニア暗殺と、ハマスの連続爆破テロが、ネタニヤフを権力の座に押し上げた。

ネタニヤフ政権の誕生は、パレスチナ側にとって悪夢の始まりであった。ネタニヤフの選挙公約は、パレスチナ占領地での入植を止めない、パレスチナ国家は認めない、エルサレムは不可分かつ永遠のユダヤ国家の首都であるので交渉の対象とはしない、といった「ないない」尽くしだったからだ。

入植の停止、そして少なくとも一部の入植地の撤去がなければ、アラファトの率いるパレスチナ暫定自治政府との交渉も動きようがなかった。ネタニヤフの政策は、ラビンとペレスの労働党が対アラブ政策の基本としてきた「土地と平和の交換」という言葉で知られる政策を破棄するものであった。代わりにネタニヤフは、イスラエルはこれ以上の占領地からの撤退は行わないが、アラブ諸国はイスラエルを承認し、平和条約を結び、イスラエルとの関係を樹立すべきであると主張した。これでは、和平プロセスの前進は望めない。ネタニヤフ政権の誕生によって和平プロセスは大きな打撃を受けた。

最終地位交渉の決裂

３年に及ぶ第一次ネタニヤフ政権では、和平はまったくと言ってよいほど動かなかった。しかし、連立政権の内部矛盾が表面化して政局運営が困難になると、１９９９年に行われた選挙で、再び労働党が勝利を収めた。エフード・バラクが首相となった。バラクはエリート部隊に属し、数々の手柄を立て多くの勲章をもらった人物である。たとえば、１９７３年には洋服に手りゅう弾を詰めて胸元を膨らませて女性に変装し、レバノンの首都ベイルートに乗り込み、当時そこに本拠地を置いていたＰＬＯの幹部を暗殺している。このエピソードは、スピルバーグ監督の映画『ミュンヘン』（２００６年公開）の中でも描かれている。この女装の暗殺者は、１９９１年には、軍の制服組のトップである参謀総長に就任している。

１９９９年の選挙で、労働党はバラクを党首に据えてキャンペーンを行った。かつてラビンをトップに据えて闘ったようにである。

しかし、バラクの人気はなかなか盛り上がらなかった。バラクには政治家としては正直過ぎる面があるからだ。本音を漏らしてしまうのである。パレスチナ占領地の状況の悪さに触れて、自分がパレスチナ人の若者ならテロリストになるだろうなどという発言もあった。占領地の難民キャンプを見ると第三者の日本人でも、なぜパレスチナ人がテロに走るのかが理解できる。それほどまでに状況は酷い。しかし、テロの標的とされているイスラエルの政治家としては、口にしてはいけない類の言葉である。そして今回の軍事作戦においても、つまり２０２３年10月以降のイスラエル軍のガザ侵攻においても、シファ病院の地下にあるトンネルはかつてイスラエル軍がガザを支配していた時に掘ったものだと発言している。おそらくこれは事実だ。しかし現在のイスラエル軍にとっては、この発言は有り難くない。病院を攻撃する理由として、地下にハマスの司令部があるとしていただけに、その主張が眉唾物であることをかつてのイスラエルのトップ自らが暴露するというのはどうかという話にもなる。

さて話題を１９９９年５月の選挙に戻そう。投票日が近づくにつれ、バラクの人気が国民にじわじわと浸透し始めた。これまで秘密作戦が多く、何で勲章を貰ったのかわからない人物の個性が、選挙キャンペーンを通じて有権者に伝わり始めた。正直者との認識もこの段階では有利に働き始めた。何せ相手のネタニヤフには信頼の置けない人物としての評判があった。これもバラクにはプラスであった。嘘つきネタニヤフと正直バラクの対比となれば後者には絶対有利であった。前回の選挙では、軍歴のないペレスに対してネタニヤフは安全保障に強いことをアピールして勝利した。しかし今回はその手は使えなかった。かつてバラクはネタニヤフの上官であった。バラクは選挙戦で勝利し、和平プロセスが動き始めた。

２０００年７月、アメリカの大統領避暑地のキャンプ・デービッドで、クリントン大統領の仲介により、イスラエルのバラク首相とパレスチナ自治政府の指導者であるアラファト議長の間で、首脳会談が開かれた。そして交渉は決裂した。この交渉の内容については、イスラエル国内も含め国際的にも、「バラクはぎりぎりまで譲歩した。良い提案をして最終的な和平への道を開こうとした。だが、アラファトの勇気と指導力の欠如のため失敗した」とする論調が多数であった。この経験が、イスラエル側からすると、パレスチナ側は、どんなにこちらが譲っても妥協しない、現実的な和平をする気がない、と考える要因となっている。これでは和平の相手がいないのも同然であるという認識と印象が作り出され、広められた。その印象は、2023年の現在に至るまで続いている。

しかし、交渉から時間が経ってから公開されるようになった交渉当事者の証言は、そうした印象とは大きく違った実態を描いている。当時バラクは、占領地の95％の返還を提案したと伝えられた。しかし、返還される占領地にエルサレムと周辺地域を含まなかった。また20％を併合と租借によって支配し続け、入植地とそれを結ぶ高速道路はそのままにするという内容であった。しかもパレスチナ側に返還される地域の出入り口はイスラエルが管理するという条件がついていた。つまり現在のガザのような状況の〝パレスチナ国家〟の樹立が提案されていたわけだ。またエルサレムのイスラム教徒の聖域についても、パレスチナ側に認められるのは管理権だけで、主権は認められなかった。最終的には、パレスチナ人による主権国家は成立せず、イスラエルの保護国のような存在になる、という内容であり、アラファトが呑めるものではなかった。

もともと決裂を危惧していたアラファトは、訪米に乗り気ではなかった。しかしクリントンの強い要請を受けて、条件をつけてアラファトは招待を受けた。交渉が決裂してもアラファトのせいにはしないという条件だった。実際、バラク提案はアラファトにとって十分な譲歩ではなかった。クリントンは、実際にはアラファトにではなくバラクの態度に怒った。だが、2001年に選挙を控えていたバラクに政治的な傷をつけたくないとの配慮から、約束に反してクリントンは、メディアに対してアラファトが妥協をしないから合意できなかったと非難した。そんな真相が後になってメディアによって伝えられた。しかしパレスチナ側に和平の意思はないとの印象が、イスラエル社会に深く刻み込まれた。これ以降の右派、つまり強硬派への追い風となっていく。

オスロ合意の算数

1993年のオスロ合意以降、パレスチナ自治政府の支配下に入った土地は、全占領地、つまりガザとヨルダン川西岸の40%にすぎない。占領地は、歴史的な全パレスチナの22%だから、自治政府が支配しているのは22%の40%、つまり8・8%ということになる。パレスチナ人が、もともと自分たちのものであったと考えていた土地のわずか1割にも満たない。しかもヨルダン川西岸は、A、B、Cという三つのエリアに分けられている。パレスチナ自治政府の完全な支配下にあるのは、エリアAのみである。エリアBはイスラエルとの共同管理地域であるが、内実は治安の権限をイスラエルが握っている。パレスチナ自治政府は、民政部門を管理しているに過ぎない。エリアCはイスラエルが完全に支配している地域である。オスロ合意とその後の交渉で、パレスチナ自治政府が獲得したのは、このエリアAだけであった。これはパレスチナ全土の4%以下の土地に過ぎない。ガザと合わせても5%程度である。しかも各地域は、つながっておらず分断されている。さらにイスラエルは、何百カ所もの検問を設け、パレスチナ人の移動を制限している。

アラファトは、中東にスイスのような平和なパレスチナ国家を約束した。しかし、現実は穴だらけのスイス・チーズのようである。しかもパレスチナ側が得たのは、チーズの穴の部分だけである。そしてヨルダン川西岸を、イスラエルが建設した道路網が細かく切り裂いている。入植者が移動しやすいようにつくられた専用道路である。そのためパレスチナ人は、自治区内でも大回りするなど移動を妨げられた。その上、イスラエルはパレスチナ人の家屋を破壊し、土地を奪い、奪った土地に入植地を建設し続けた。

第二次インティファーダとアラファトの死

交渉が決裂する中で、当時の野党であったリクードの新党首アリエル・シャロンが、エルサレム旧市街のイスラム教の聖地に1000人の護衛を連れて入り、エルサレムがすべてイスラエルのものであると宣言した。シャロンは、レバノン戦争の際の国防相である。この戦争では、あのパレスチナ難民キャンプでの虐殺事件も起きている。また、その後に住宅相も務めている。その〝業績〟は、占領地での土地の接収と入植地の建設であった。シャロンという人物の挑発行動に、パレスチナ人が激しく反発したのも当然であった。

パレスチナ人は、占領地全域で再び抗議行動を起こした。第二次インティファーダの開始であった。今度は石を投げるだけでなく、パレスチナ人側は銃を使い、また自爆攻撃に訴えた。シャロンは自ら挑発しておきながら、選挙でこの暴動を抑えるには自分しかいないと訴えた。そして翌2001年の選挙でリクードが勝利を収め、シャロンがイスラエルの首相に就任した。

インティファーダの最中にアメリカで同時多発テロが発生すると、シャロンはアメリカで高まった反テロリズムの世論を利用した。〝テロ〟をパレスチナ自治政府が取り締まらないからとの〝理由〟で、イスラエル軍はヨルダン川西岸地区の中心都市であるラマラなどを再占領した。アラファトはパレスチナのビンラディンだと、シャロンは主張した。アメリカのブッシュ政権は、この行動を黙認した。イスラエル軍は、難民キャンプの狭い路地から狙い撃ちされるのを嫌って、建物ごと破壊する戦術で路地そのものをなくしていった。2023年のガザで行っているようにである。そして圧倒的な軍事力でパレスチナ人を多数殺害、逮捕し、インティファーダを押さえ込んだ。

アラファトは、イスラエル軍により議長府に軟禁状態に置かれた。シャロンは、アラファトがテロを阻止しないからとして、アラファトとは交渉しないとの立場であった。同時にアラファトを軟禁状態に置き、その政治的な無力化を狙った。さらにアラファトの治安組織に対する攻撃を繰り返した。一方でテロを取り締まらないと批判し、他方でテロを取り締まる手足となる治安組織の壊滅を狙っているかのようであった。シャロンは、将来のパレスチナ国家の基盤となるアラファトの統治機構を破壊しようとしていたのだろうか。

そうした状況下で2004年にアラファトが死去した。死因に関しては議論がある。かなりの数の人々はイスラエルによって毒殺されたと考えている。いずれにしろパレスチナ人の民族解放闘争のシンボルが舞台から退場した。アラファトは独裁的な傾向が強く、その周辺には腐敗が広がっていた。しかし、パレスチナの抵抗運動のシンボルとしてのカリスマ性があった。アラファトの部下であったマフムード・アッバースが後継者になったが、求心力は望むべくもなかった。アラファトの死と力のある後継者の不在により、パレスチナ側の混乱は加速した。

分離壁とガザからの撤退

イスラエルは、アラファトやアッバースを無視したまま一方的な動きを見せた。ひとつは西岸での壁の建設であり、もうひとつはガザからの一方的な撤退であった。2002年、イスラエル政府はヨルダン川西岸に「テロ対策用防護フェンス」の建設を開始した。壁は、高い箇所では8メートルに達する。表面上はテロ対策だが、実質は占領地の一部を併合する形で占領地の内側に建設された。そしてヨルダン川西岸のユダヤ人入植地の多くが、壁によってイスラエル側に取り込まれた。同時に、多数のパレスチナ人が、壁とイスラエルの間に孤立した。壁はイスラエルとパレスチナではなく、パレスチナとパレスチナを隔てている。2004年7月にハーグの国際司法裁判所が、占領地での壁の建設は国際法上違法であるとの判断を下した。この判決で建設は止まらなかった。し

イスラエルが建設したパレスチナの分離壁（写真：AP／アフロ）

かしイスラエルとその支持者であるアメリカの国際的な孤立を浮き彫りにした。判決当時までにイスラエルが西岸に建設した壁の全長は700キロメートルに達した。

他方では、シャロンは2005年に、ガザ地区の入植地を撤去した。当時ガザには8000名のユダヤ人の住む21カ所の入植地があった。ガザからの撤退で国際世論の和平交渉への圧力をかわしつつ、西岸の入植地を増やし、併合を進めようとの戦術だった。当時からガザではハマスの影響力が強まっており、ハマスなどとの戦闘でイスラエル側の犠牲も増えていた。それゆえイスラエル世論はガザからの撤退を支持していた。

イスラエル軍がガザから撤退すると、誰が支配するかという問題が浮上した。ヨルダン川西岸ではファタハが強いが、ガザではハマスが支持基盤を固めていた。そして2006年の自治評議会選挙でハマスが第一党になった。さらに2007年にハマスは、ファタハとの武力衝突で勝利を収めてガザを制圧し現在に至っている。結果としてパレスチナは、ファタハの支配する西岸地区と、ハマスの統治するガザ地区に分裂した。ハマスがガザを支配するようになると、イスラエルはエジプトの協力を得てガザを事実上封鎖した。この経緯はすでに説明した。

パレスチナの分裂は和平の促進要因ではなかった。イスラエルは、パレスチナ全体を代表する交渉相手が存在しないとして、和平プロセスを凍結させ死に体にした。さらにヨルダン川西岸への入植活動を加速した。2006年にシャロンは脳卒中で意識を失い、政界から姿を消した。後継者のエフード・オルメルトは、2006年にレバノンのヒズボラに対する大規模な爆撃を行った。しかし、1カ月以上かけた作戦で多くの犠牲を払いながらも、問題は解決できなかった。また、2008年から2009年にかけてガザへの大規模な侵攻を行い、圧倒的な軍事力で多くの民間人を犠牲にした。しかしイスラエル側の損害を恐れて、ガザ全体の再占領は行わなかった。このオルメルトが、レバノン侵攻の失敗や汚職により辞任すると、２００９年にネタニヤフが首相に返り咲いた。

なお、２００５年のガザからの入植地の撤去と、それに伴うイスラエル軍の撤退により、「ガザは占領されていない」という言説がある。確かに、ミクロな視点で見ればガザ地区の内部にイスラエル軍が常にいて、監視しているわけではない。常に占領軍が支配しているヨルダン川西岸地区とは状況が違う。しかし国際法の観点あるいは、マクロな視点から見れば、占領されていないとは言えない。狭いガザの周囲は壁で覆われ、人や物の出入りをイスラエル軍が厳しく管理している。もちろん海や空からの出入りも厳しく制限されている。ガザ内部で大きな産業はなく、水、食料、燃料、医薬品、生活用品など、すべてが外部からの搬入に頼っている。壁の外は軍に囲まれ、何かあればいつでも侵入して攻撃される状況が続いている。人権状況から言えば、むしろ西岸よりも過酷である。

イスラエルは、ガザを封鎖している理由をハマスが支配しているからと言うが、国際法では集団懲罰は禁止されている。220万の人々をここまで危機に追い込む政策は、占領からの解放とはとても言えない。

オバマと入植の凍結要求

ネタニヤフがイスラエルの首相に返り咲いた2009年、アメリカの大統領となったのが民主党のバラク・オバマである。オバマは、イスラエルに入植活動の凍結を求めた。というのは、イスラエルは交渉が進んでいようが止まっていようが、入植を続けてきたからである。これでは交渉に応じられないというのが、パレスチナ側の立場であった。ネタニヤフ政権とオバマ政権は、この問題をめぐって激しく対立した。

ここで入植地の問題について、2023年の数値でまとめておこう。イスラエルと将来のパレスチナ国家の国境線の確定の難しさの一端には、占領地にある多数の入植地の存在がある。もしパレスチナ国家が現在の占領地全体に成立するとしても、入植地が撤去されない限り、それは穴だらけにされたスイス・チーズのような国家になるだろう。

入植者の総数は約70万人以上とされる。22万人が占領地の一部である東エルサレムに、そして50万人が他の地域に住んでいる。現在のイスラエルの総人口1000万の7パーセントほどだ。この人たちの存在が和平の大きな障害となっている。ラビンの暗殺犯も、こうした入植者たちに連なる考えの人物だ。

さて、この入植拡大の凍結を求めるオバマ政権に対して、ネタニヤフはまったく聞く耳を持たなかった。当時、副大統領であったジョー・バイデンが、入植地の凍結を話し合うためにイスラエルを訪れた当日に、ネタニヤフは入植地の拡大を発表した。オバマとバイデンの神経を逆撫でするかのような行動である。だが、オバマ政権はまもなくこの入植の凍結要求を凍結してしまった。

その理由を推測すると、アメリカ国内のイスラエル支持勢力からの強い突き上げに抗しきれなかったのだろうか。おそらく最大の理由は、オバマ政権が中東の最大の課題としてイランとの核合意に照準を合わせ、それ以外の課題に外交努力を分散したくなかったのだろう。核合意へのイスラエルの反対を最小限に抑えるためにも、パレスチナ和平をオバマの外交の焦点から外さざるを得なかった。アメリカの大統領でも、政治的なリスクを負わなければイスラエルに関する課題を動かせないということであろう。オバマはそのリスクを負わなかった。オバマの時代、ネタニヤフ政権はひたすら入植地を拡大した。

そして現在、この入植地に住む過激な人々によるパレスチナ人への日常的な暴力が、大きな問題になっている。西岸に住むパレスチナ人を襲撃し、家に火を放ち、殺害をしている。パレスチナ人を追放するためである。イスラエル軍は黙認するか、むしろ過激な入植者を保護している。入植者と軍の暴力により、毎年数十人から百人単位の死者が出ているが、メディアではあまり報じられることはない。イスラエル政府はこうした暴力を取り締まることなく、入植地の建設を拡大し続けてきた。

2022年末に成立したネタニヤフの連立政権には、そうした過激な入植者から支持を受ける極右政党が入閣している。それによって勢いづいた入植者は、さらに暴力をエスカレートしている。さらに2023年10月7日のハマスによる奇襲の後は、ヨルダン川西岸のパレスチナ人の死者は増加した。12月29日までに300人以上が亡くなった。

トランプのエルサレム承認

２０１６年には大方の予想に反して、共和党のドナルド・トランプがアメリカの大統領選挙で勝利を収めた。翌17年に大統領に就任すると、トランプは、それまで以上にアメリカの中東政策をイスラエル寄りにした。トランプは、イスラエルのネタニヤフ首相支持一辺倒であった。たとえばエルサレムの首都承認である。２０１７年12月に在イスラエルのアメリカ大使館を、テルアビブからエルサレムに移転すると発表したことは、世界中を揺るがした。これはイスラエルの首都としてのエルサレムの承認を意味していた。これによってアメリカは、中東和平の仲介者としての立場を失った。なぜなら、中東和平の核心のひとつが、エルサレムの地位だからだ。それを交渉以前にアメリカがイスラエルの首都と認定してしまっては、交渉の意味が失われてしまう。

ここでエルサレム問題について整理しておこう。イスラエル建国後の第一次中東戦争が終わった段階では、エルサレム市の西半分をイスラエルが、東半分をヨルダンが確保していた。このヨルダンが確保した東半分に、歴史的なエルサレム旧市街が含まれていた。この2キロメートル四方にも満たない地域の旧市街に、嘆きの壁、聖墳墓教会、アルアクサ・モスクなど、ユダヤ教、キリスト教、イスラム教の聖なる空間が密集して重なり合うようにして存在している。そして、イスラエルはエルサレムを首都であると主張した。だが国際社会は、そもそもエルサレムが国連決議では国際管理の対象とされていたとして、その承認を拒否した。日本を含む各国は大使館をエルサレムにではなくテルアビブに置いていた。アメリカも、そうだった。

ところが1967年の第三次中東戦争で、イスラエルが旧市街を含めた東エルサレムを占領下に置いた。その後、1980年にはイスラエル議会が東西エルサレムを合併し、統一エルサレムとする法案を可決した。もちろん国際社会はそれを認めていない。

2017年12月のアメリカ大使館をエルサレムに移転するというトランプの発表は、その国際社会の合意を無視するものであった。そしてトランプは約束通りに、2018年5月に大使館をテルアビブからエルサレムに移した。この移転によって、アメリカはエルサレムがイスラエルの首都だと公式に承認した。

この時期にトランプがこの決断をした背景には、アメリカ国内の事情があった。アラバマ州の上院議員補欠選挙で、トランプの信頼の厚いロイ・ムーアが共和党候補として出馬していた。当初は有利とされていたが、ムーアが10代前半の複数の少女たちと不適切な関係をもっていたとの疑惑が浮上した。宗教的に熱心な有権者の多いアラバマ州で、ムーアが負ける可能性が出てきた。アラバマのキリスト教徒の多くは、キリスト教福音派とかキリスト教原理主義者と呼ばれる人々である。そうした人々は、熱烈にイスラエルを支持していて、エルサレムをイスラエルの首都と承認することを求めていた。トランプの決断の背景には、ムーアの選挙を支援する意味が含まれていた。

結果としてムーアは選挙に敗れた。だが、２０１６年の選挙でこの福音派の人々の票の力が、トランプを大統領に押し上げた推進力だった。だからこそ、任期中トランプは徹底的に福音派が望む政策をとり続けた。すなわちイスラエルのネタニヤフ政権が望むことを、できる限り実現した。

トランプとネタニヤフ政権のつながりは福音派だけではない。人脈もつながっていた。トランプの娘婿であるジャレッド・クシュナーは、同大統領の中東政策に大きな影響を与えた。ユダヤ系のクシュナー一族は、トランプと同じように不動産業で財を成した。

イスラエルで政界に進出する前のネタニヤフは、1982年から88年にかけて、ワシントンとニューヨークのイスラエル大使館で勤務していた。この時期にネタニヤフはアメリカで自らへの資金提供者のネットワークを築いた。選挙への出馬に備えるためだ。支持者の一人がクシュナーの父親のチャールズである。この点についてはすでに紹介した。チャールズは、長年にわたりネタニヤフを資金的に支援してきた。その息子のジャレッドは、クシュナー家を訪ねるネタニヤフとは幼いころから親しかった。

揺れるバイデン政権

2020年の選挙で、現職のトランプを破って民主党のバイデンが大統領に当選した。バイデンはオバマ政権の副大統領であった。そして外交の人事では、オバマ政権時代からの閣僚が多く起用された。それもあって、基本的にはオバマ政権時代と同様の外交方針が貫かれるものと予想された。その中で、パレスチナ問題については重視しない方針だった。バイデンとしては、中東和平の実現のためにクリントンもオバマも努力したけれど何も変わらなかった。この問題に向き合っても解決しないと考えたようだ。しかし、ハマスの奇襲とイスラエルのガザへの軍事侵攻により、バイデンの意向とは関係なく、この問題に正面から向き合わなければならなくなった。

一方でバイデンは入植地拡大を強硬に続けるネタニヤフとは馬が合わない。他方では、議員時代からイスラエルへの強い支持で知られてきた。自身を「シオニスト」と呼ぶほどである。バイデンの言葉を使えば「シオニストになるのにユダヤ人である必要はない」である。バイデンは熱心なカトリック教徒である。また、バイデンは古い政治家である。イスラエルで何か起きれば、イスラエルを支持するというのが、その身に着いた条件反射である。

今回も事件が起きた当初はそうであった。しかし、アメリカ社会も変わりつつある。特に若い世代では、ユダヤ系も含めてイスラエル支持一辺倒ではなくなりつつある。ホロコーストの過去があったからといって、イスラエルが何をしても許されるわけではないというまっとうな意見も出てくるようになってきている。バイデンの発言も、その声に押されて少しずつ変化してきている。

難民キャンプらしくない難民キャンプ

２０２３年12月の時点で、進行しているガザ情勢の展開が、どのような結末を迎えるのかは、現段階では不透明である。しかし、ガザ地区を含むパレスチナ問題の包括的な解決なしには、この地域には平和は訪れないだろう。本章の最後に、この問題に関して残された課題を整理しておきたい。

難民キャンプが、ちっとも難民キャンプらしくない。多くの日本人がパレスチナ人の難民キャンプを見て抱く感想である。キャンプという言葉から想像するテントがまず存在しない。それにコンクリートの建物が多い。しかし、考えてみるとパレスチナ難民が最初に発生した１９４８年からすでに70年以上が経過している。四分の三世紀近くもキャンプに生活しているのであるから、いつまでもテントで生活するはずがない。パレスチナ難民の問題に詳しいある日本人の言葉を借りれば、それが問題なのである。75年も経ったのに、故郷に帰ったパレスチナ難民は未だに一人もいないのである。この長い時の流れの間にパレスチナ人の悲しみが、あたかも凝固してコンクリートになってしまったかのようだ。

先送りされた課題

さて2000年のバラクとアラファトの交渉の決裂が示したように、パレスチナ自治政府とイスラエルの間に残された課題は余りにも多い。しかも、より困難な課題が多く残されている。それは、中東和平プロセスが難しい問題を先送りし、合意の容易な分野での和解を積み上げるという手法で進められてきたからだ。

先送りされてきた課題とはどんな問題だろうか。大きなものだけでも五つある。まず第一に、占領地の最終的な地位の確定である。第二に、その中でも占領地の一部である東エルサレムの問題がある。第三に、占領地に展開するユダヤ人の入植地の取り扱いの問題がある。第四に、占領地の水資源の管理と使用権の問題である。そして最後に難民問題がある。エルサレムや入植地については先に紹介した。ここでは水問題と難民問題についての議論を紹介しておこう。

［水］

元来、乾燥気候のパレスチナでは水が貴重である。ところが、最近の人口増によって、水資源はますます重要となってきた。また、生活水準の上昇も水資源への需要を高めている。砂漠を緑に変えるイスラエル農業の〝奇跡〟は良く知られているが、砂漠の農業では土壌の塩分を洗い流すために多量の水が使われる。イスラエルの農業用水の使用分が多ければ、当然パレスチナ人の生活用水が圧迫される。

一方の奇跡は他方の犠牲を意味している。西岸地区では、少数のイスラエル人、つまり入植者が大量の水資源を使っている。また西岸では、パレスチナ側による深い井戸の掘削などはイスラエルによって認められていない。入植地の撤去は、水問題の解決にも大きく寄与するはずである。水も交渉のポイントである。またガザでは地下水脈に海水がしみこみ始めている。その結果、飲料に適した水の確保がガザの人々にとって重大な課題となっている。この点は前にも述べた。

［難民の帰還権］

困難な問題の中でも最も困難なのは、難民の問題である。難民の発生の経過を振り返っておこう。そもそもパレスチナ人が難民となったのは、1948年のイスラエル成立時である。このときに70万を越える人々が故郷を離れた。そして、ガザ、西岸、周辺諸国の難民キャンプに収容された。

世界のパレスチナ難民の総数については議論があるが、2021年のUNRWA（国連パレスチナ難民救済事業機関）統計では、600万を越える人々が難民として国連に登録されている。難民とは、故郷を離れた人々とその子孫である。全世界のパレスチナ人の総数は1400万人強であり、その半分近くが難民になる。そのうちの270万以上は占領地に住んでいる。イスラエルに追われて逃げ出したのに、ガザと西岸がイスラエルに占領されて、結局はイスラエルの支配下に入った人々だ。この中には、経済的に成功して難民キャンプを離れた人々もいる。また、アメリカやカナダに移り住んだ人々もいる。いずれにせよ、故郷パレスチナに帰りたい、あるいは少なくとも帰る権利を認められたいとの気持ちは強い。

しかし、人口1000万のイスラエルに、仮に600万のパレスチナ人が帰ってくるとなれば、それはユダヤ人国家イスラエルの消滅を意味する、とイスラエル人の大多数が考えている。

ちなみにイスラエルの総人口は現在およそ1000万人である。そのうちの750万人がユダヤ人であり、200万人がアラブ人である。つまり、もともと、この地に生活していた人々と、その子孫である。イスラエルの成立時に故郷に踏みとどまった人々である。このパレスチナ人の多数派はイスラム教徒だが、すでに見てきたようにキリスト教徒もいる。またドルーズと呼ばれる少数派もいる。イスラエル人口の残りの50万人が、その他の人々となる。

占領地からの全面的な撤退とエルサレムのパレスチナ人との共有を主張するような人々で、つまり、イスラエルでは一番パレスチナ人に同情的な人々でさえ、パレスチナ難民の帰還は認められないと考えている。

1948年に故郷を追われたパレスチナ人の家屋を与えられて、そこに70年以上生活してきたユダヤ人の家族は多い。そこに突然に本来の持ち主のパレスチナ人の家族が鍵でドアを開けて入ってくる。イスラエル国民は、そんな場面を想像さえしたくないのだ。事実パレスチナ難民たちは、故郷を追われた際に大した荷物も運べなかった。しかしすでに触れたように、自分の家の鍵を身に付けていた。半世紀以上にわたり使うことのなかった鍵である。難民となった第一世代が世を去った場合でも、それが次の世代に引き継がれている。それが故郷のパレスチナで暮らした時代の証だからだ。難民たちが鍵を手にしたままキャンプで立ち止まっている。

第4章　イスラエルという国

ハマスへの恐怖と憎悪

一般のイスラエル市民は、ハマスなどのパレスチナの武装組織に対して、どのような意識を持っているのだろうか。もちろん、2023年10月の事件が起きる前から〝テロリスト〟を送り込んでくるハマスなどに対する恐怖と憎悪には強いものがあった。第3章で述べた1996年や第二次インティファーダの際にイスラエル国内で起きた連続自爆攻撃の記憶は生々しい。平和な町で、カフェでくつろいでいると突然爆破される。バスに乗っているだけで炎に包まれる。考えるだけでも恐怖である。

長年〝テロ〟(パレスチナ側から見れば抵抗運動であるが)と戦ってきたイスラエル国民には、奇妙な迷信のようなものがあった。それは一度テロがあった場所は安全だとの認識である。テロのあった場所には、免疫ができるとでも思うかのような認識である。ハマスは、そんな迷信をも爆破した。同じ路線のバスを二度攻撃するなどして、イスラエル国内にはテロに免疫のある場所がないことを示した。

また、2000年から始まった第二次インティファーダの際も、イスラエル国内でハマスなどによる自爆攻撃が相次いだ。当時、ガザはすでに周囲が高い塀などで囲まれており、検問所を通らなければ容易に出入りができなかった。しかし、ヨルダン川西岸地区からはイスラエルに出入りが容易だったため、イスラエルで自爆する者は西岸からやってきた。

２００２年、イスラエル政府はヨルダン川西岸地区に「テロ対策用防護フェンス」、国際的には「分離壁」として知られる高い壁の建設を開始した。すでに説明した通り、表面上はテロ対策用だが、実質は占領地の一部を併合する形で占領地に建設されている。「テロリストの越境対策」は名目にすぎないのだが、イスラエル国民は分離壁の建設を支持した。ハマスなどの抵抗勢力による自爆攻撃の恐怖が、それほど強かったからである。占領という根本的な問題は、何ら解決されていない。しかしながら、分離壁を建設して人々の出入りを厳しく制限したことにより、確かに〝テロ〟は減少した。〝テロ対策〟は市民から評価された。

２００７年にハマスがガザを実効支配して以降は、ガザからのロケット弾による攻撃が散発的に行われるようになったが、アイアン・ドームなどの防空システムによりイスラエル国内でそれほど大きな被害は出なかった。ガザで地上戦が行われる際に、数十名のイスラエル兵が犠牲になったものの、民間人の被害はごく限られたものであった。

しかし2023年10月のハマスによる攻撃は、これまでとはまったく異なる衝撃を与えた。同年12月時点で少なくとも1200名が犠牲となり、240名が人質となった。特に兵士だけでなく、子どもや高齢者も含め多くの民間人が対象となったことに、イスラエル国民は相当な心理的ダメージを受けた。イスラエル国民が子どもの頃から教え込まれてきた「ホロコースト」の集団としての記憶が呼び起こされた。

ハマスはイスラエルの殲滅を謳った憲章をもっていた。現在は、前にも見たように憲章の文言は、やや穏健になっている。しかし、イスラエル国民は、そうした微妙な変化を評価していない。そしてハマスはユダヤ人を皆殺しにしようとしているという恐怖を抱いている。

奇襲を許したことで、有権者の安全保障面での信頼をも失ったネタニヤフは、「怪物（＝ハマス）を根絶やしにする」と息巻いて軍事力を行使している。国民の間では、ガザの民間人が犠牲になってもハマスを殲滅しろという声が強い。しかしその〝怪物〟はどこから生まれたのか、なぜイスラエルを攻撃し続けるのかという議論が、イスラエル国内では深まっていない。イスラエル人の中には、ガザになぜパレスチナ人が住んでいるかも知らない人がいる。もちろん、多くの人はガザで何が起きているかも知らなかった。中東最強の軍隊と、世界最先端のテクノロジーを持ち、世界で最も「テロ対策」が進んだ国で、なぜ世界で最も〝テロ〟が起きるのか。その理由と向き合うことなしには、イスラエル国民の本当の安全はないのではないか。

肥大化するイスラエル軍

ナチスによるホロコースト（ユダヤ人大虐殺）という異常な記憶を共有する人々が造り上げたイスラエルは、周囲のアラブ諸国との戦争の中で生まれ、戦争の中で成長してきた。常に敵意に満ちた隣人に囲まれて生きてきた。そのため、安全保障という面では特別に敏感である。

その防衛の重責を担っているのが、女性をも含む国民皆兵の国防軍である。18歳になると男性には3年、女性には2年の徴兵義務があり、その後は51歳まで予備役に編入される。その間は年に1カ月の訓練を課せられている。なお、イスラエル国民の2割を占めるアラブ系の市民は徴兵を免除されている。と言うよりは、ユダヤ人がパレスチナ人を信用していないため銃を持たせないというのが、正直なところであろう。ただアラブ人でもドルーズと呼ばれる宗派に属する人々は、徴兵されている。この少数派のイスラエルにおける人口は15万人ほどである。

日本の外務省のホームページに掲載されているイスラエルに関する資料では、2023年段階で正規軍の兵力は約17万である。これは、日本の陸上自衛隊の隊員実数14万（定員15万）を上回る。人口1000万強のイスラエルが、1億2000万の人口の日本の陸上自衛隊を上回るレベルの兵員数を維持している。そして、緊急時には46万の予備役が召集される。合わせて65万である。日本の自衛隊の陸海空を合わせた数が24万である。日本の人口の12分の1であるイスラエルが、日本の2・5倍以上の兵力を維持するのは極めて大変なことである。

今回のガザ紛争では、正規軍に加えて予備役30万以上を召集し、合計で50万を動員している。人口が少なく、予備役の動員によってようやく十分な戦闘能力が出てくるというイスラエル軍の体質からすると、当然のことながら先制攻撃による短期決戦がその基本戦略になる。イスラエルは、一度動員を掛けると、長期にわたって臨戦体制を維持するのは困難である。イスラエルの好調な経済を支えているのはハイテク産業だが、そのハイテク産業で働く若者たちが長らく徴兵されれば、経済には重い負担である。

10月7日に始まったガザをめぐる紛争から、本稿執筆時点ですでに3カ月が経っている。イスラエル政府としては、できるだけ短い期間で、できるだけの打撃をハマスに加えたい。できれば壊滅させたい。そのために民間人に犠牲を強いる荒っぽい攻撃も許容されるという立場をとっている。

今回はハマスによる奇襲攻撃を受けたが、こうしたイスラエル軍の体質を考慮すれば、敵に攻撃を受ける前に動員を完了しておくのが望ましい、となる。そして、できれば先制攻撃を行ってでも短期間で戦争を終了させたい。であれば、いやが上にも先制攻撃への誘惑は高まらざるを得ない。イスラエルを威嚇するのは先制攻撃を呼び掛けるようなものである。エジプトがイスラエルを挑発し、イスラエルが先制攻撃を行った１９６７

年の戦争がその一番の例である。

今回の事態で、戦線拡大が懸念されている理由の一つには、ヒズボラがイスラエルに戦端を開く可能性である。あるいは逆に戦争は不可避だと考えたイスラエルの方が先制攻撃に訴える可能性である。10月7日の奇襲攻撃を受けた後に、イスラエルの上層部ではハマスに対して反撃するばかりでなく、ヒズボラに対しても先制攻撃をかけようという議論も存在したようだ。アメリカの説得もあり、このヒズボラに対する攻撃をイスラエルは、とりあえずは断念したようだが。この点については、前にも述べた通りである。

戦場から議場へ

安全保障が国家の最優先事項となっているにもかかわらず、イスラエルの政治は民主制を維持してきた。軍の力が大きくなり過ぎ、結局は民主主義が窒息死するというお決まりのパターンは、イスラエルでは起こっていない。その面ではイスラエルは「武装国家」ではあるが、「軍事独裁国家」ではない。あるアメリカの研究者の言葉を借用すれば、

「民主的兵営国家」（democratic garrison state）だ。

しかし、軍はクーデターという方法ではなく、政界に人材を供給するというルートでイスラエルの政治に影響力を与えてきた。イスラエル国防軍のエリートたちは40〜50代で軍籍を離れ、政治に転向する場合が多い。常に兵士の先頭に立ち、また常に新しい兵器、戦略、戦術に適応していくためには、老人の指揮官は役に立たないとの発想がある。「アラブ諸国は何度でも戦争に負けられるが、ユダヤ国家は一度しか負けられない」との言葉をイスラエルの人々はしばしば使用する。つまり、アラブ人は敗れても国が無くなるわけではなく、いつの日か再起を期することができる。しかし、イスラエルは一度負ければ国が滅亡し、二回目の戦争を戦う機会はないという意味である。

したがって、イスラエルのクネセット（議会）には、元将軍たちが溢れている。1956年と1967年の戦争の英雄であった独眼のモシェ・ダヤン将軍は、亡くなるまでイスラエル政界の大物であった。労働党の故ラビン首相は1967年の戦争時の参謀総長であった。リクード党の党首となったアリエル・シャロンは、1973年の戦争時にスエズ運河の逆渡河作戦を成功させて戦局を逆転させた英雄である。これは、各政党が票集めのために国民的英雄となった将軍をスカウトするからでもある。国防が最重要課題である以上、軍事の専門家が政治指導に大きな役割を果たすという現在のパターンは変わりそうもない。クネセット（議会）での将軍たちの第二ラウンドが続いている。

ちなみに1995年にラビンの後継者となったペレスが選挙で勝てなかった要因の一つは、軍歴がなかったからである。ペレスは1948年の第一次中東戦争の際にラビンの同年代の若者の多くが銃を持って戦っていた時期に、軍務についていない。ヨーロッパからの武器の調達の任務にあたっていた。重要だが、老人にでもできる任務である。事務をやっていた人物を、軍務についていた世代は、決して忘れず許さなかった。この戦歴の欠如が、ペレスの経歴に付きまとった。

ハイテク産業の国

イスラエル社会は、もともと社会主義的な発想を抱いた人たちが作った国であった。欧州で農地の保有が困難だったユダヤ人は、農地で農業を行うことに憧れ、共同農場であるキブツをつくった。与党は建国から30年にわたりずっと労働党だった。建国からしばらく、イスラエル経済は農業を中心に回っていた。

しかし、状況は様変わりしている。いまではハイテク産業を中心とした中東で最も豊かな国である。次々と生まれるハイテクベンチャー企業の隆盛により、中東のシリコンバレーと呼ばれている。国民所得の平均は5万ドルを超え、日本の4万ドルを上回る。

豊かになったイスラエルでは、国民の多くは手間のかかる農業への興味を失っている。キブツで働いているのは、20年ほど前までは西岸やガザなどから来たパレスチナ人などだった。しかし、イスラエルはパレスチナ人によるテロをおそれ西岸に壁をつくり、ガザを封鎖して人の移動を厳しく制限するようになった。代わりに東南アジアからの出稼ぎ労働者が目立つようになった。エルサレムでは、フィリピンやタイから出稼ぎに来ている人を多く見かける。タイ人は3万人ほどが農業労働者などとしてイスラエルで働いている。今回、ハマスの人質に多くのタイ人が含まれていたのはそのためである。

イスラエルがハイテク国家になった背景には、まず、ユダヤ人の勉強好きがある。古来からユダヤ人に対する悪口は多いが、少なくとも勉強をしないという批判は聞いたことがない。そして、この勉強好きの国に、高度の教育を受けた多数の人々が押し寄せた。旧ソ連からである。冷戦が終わる前後に現在のロシアやウクライナから100万人規模のユダヤ移民を受け入れた。大半が、高度な教育を受けていた。それがイスラエルの貴重な財産となった。現在、日本の経済界が「高度人材」などという不器用な日本語で言及している層の人々である。イスラエルの総人口が1000万程度だから、人口の1割の高度人材を吸収した計算になる。ハイテク産業を浮上させる大きな力となった。

三つ目に軍や諜報機関の役割を指摘したい。イスラエルには、技術で国を守るというコンセプトがある。軍でハイテクに才のありそうな人材を見出し育てる制度がある。徴兵された若者の中でITの才能のある者は、サイバー部隊に配置される。中でも8200部隊は国際的にも超精鋭として知られる。そうした部隊で訓練を受け経験を積んだ後に、除隊した若者たちがベンチャーを立ち上げる例が多い。そして、そこで生まれた先端のテクノロジーが、軍事と民生で使われる。両者の境界は必ずしも明確ではない。生体認証やセンサー、ドローンなどでは、イスラエル発の技術が多い。こうした技術がガザの監視にも使われている。日本の自衛隊や経済界の中にも、こうした優れた技術を活用するためにイスラエルともっと協力すべきだとの声が出ている。

ネタニヤフの評判は悪いが、それでも政界に長らく君臨してきたのは、このような経済の発展がある。ネタニヤフは政府の規制を撤廃し、弱肉強食の市場原理主義、つまりネオリベラリズムを推し進めた。一方では、ハイテク産業が牽引して国のGDPが上がり、世界から投資が集まった。他方で、貧富の格差は拡大した。特にコロナ禍や度重なる紛争により、観光業は壊滅的な打撃を受けた。2021年のデータでは、国民の約3割が経済的苦境にあるとされている。

またハイテク産業の興隆は、国民に富と自信を与えると同時に、テクノロジー依存症ともいえる心理を蔓延させた。テクノロジーに守られているから安全だとの幻想を生んだ。それを10月7日のハマスの奇襲が打ち砕いた。

三階建ての家

イスラエルには、どのような人々が住んでいるのだろうか。建国から1970年代の半ばまでのイスラエルは、ちょっと単純化すれば、三階建ての家にたとえられた。その構造を説明しよう。一番上の三階に住んでいるのがアシュケナジムと呼ばれるヨーロッパ出身のユダヤ人である。シオニズムの主流を担ってきたのはアシュケナジムであり、イスラエル建国のために汗を流し、防衛のために血を流してきたのもアシュケナジムであった。ヨーロッパでの反ユダヤ主義への反応としてシオニズムが発生した経緯を考慮すれば、当然の事実であった。そして、建国後に50万人のユダヤ人がヨーロッパからイスラエルに到着した。強制収容所の生き残りたちであった。

だがイスラエルの成立は、イスラム諸国からのユダヤ人の移民の波を引き起こした。一つには、イスラエルが全世界のユダヤ人の母国への「帰還」を働きかけたからであった。またパレスチナ人に加えられた不正への反発として、アラブ諸国でユダヤ人に対する迫害が発生したからでもあった。80万のユダヤ人が、イスラム諸国からイスラエルに移住した。こうしたユダヤ人は、セファルディムと呼ばれている。その多くは、エジプトやイラクなどから移民してきた人々である。

このセファルディムとアシュケナジムの間には、大きなギャップが存在している。アシュケナジムの平均所得はセファルディムよりはるかに高かったし、大学進学率でもアシュケナジムがセファルディムをリードしている。ヨーロッパから来たユダヤ人はヨーロッパ的な人々であり、近代国家で競争していくにふさわしい教育や訓練をすでに身につけていた。ところがイスラム世界から移住して来た人々は、そうした状況にはなかった。イスラエルという国家の仕組みは、ヨーロッパの制度を取り入れ、ヨーロッパから来た人たちが仕切っていた。アシュケナジムは、大学教授、経営者、医者、弁護士としてイスラエル社会の最上階の三階にたどり着いたのに対して、セファルディムはブルーカラーの労働者であった。大半がイスラエルという家の二階の住人であった。

しかしセファルディムはいつまでも自分達の境遇に甘んじているつもりはなかった。度重なる中東戦争で、彼らも祖国のために血を流したからだった。祖国が彼らにもっと良くしてくれるべきだという考えが高まっていった。こうしたセファルディムの人口が、イスラエル社会の半数に達したのが1970年代後半のことである。

建国から1970年代後半まで、イスラエルの政治の主流派を担っていたのは、労働党であった。労働党は、経済政策に関しては社会主義のイメージを強く抱いていた。労働党という政党名にもそれが反映されている。東ヨーロッパから移民してきたシオニストたちは、東ヨーロッパに広がっていた社会主義の空気をも、パレスチナに持ち込んだのであった。イスラエル建国時には、各地に共同農園キブツがつくられている。キブツは、共産主義の理想に最も近い形態の一つと言われている。

その労働党支配が終わったのが、１９７７年の選挙である。このとき、右派のリクードが第一党となった。リクードの党首であったのはメナヘム・ベギンである。自身はヨーロッパから来たアシュケナジムであった。だが、イスラエル建国前後に過激な武装闘争を率いて、パレスチナ全土を手に入れることを主張していた。アシュケナジムの中では強硬派で少数派だった。そのベギンが、セファルディムの不満を取り込んで勢力を拡大した。１９７７年の選挙でリクードが第一党になり、ベギン首相が誕生した。ベギンが国防相に任命したのが、レバノン戦争を立案するシャロンである。シャロンは後に首相となった。そしてリクードの支持者と右寄りの政策の流れは、現在のリクード党首であるネタニヤフにも引き継がれた。

こうしたセファルディムがリクードを与党にした。そして、そのリクードの中で、セファルディムの指導層が育ち始めた。まだセファルディムの首相は誕生していないが、市長、地方議会の議員、イスラエルの国会に当たるクネセットの議員に、セファルディムが就任するのは当たり前になった。大統領のポストに座ったセファルディムもいる。

こうして政治の世界では両者のギャップはなくなった。また経済の面でも所得格差が狭まっている。ただ大学など学問の世界では、まだ大きなギャップが残っている。

イスラエル国籍のアラブ人

三階と二階の住人について話した。ではイスラエルという国の一階には誰が住んでいるのか。それはイスラエルのアラブ市民である。イスラエルの成立時には70万を超えるパレスチナ人が難民となった事実についてはすでに触れた。だがパレスチナ人の中には、イスラエルに踏みとどまった者も少なくなかった。結果、現在では約200万のアラブ人がイスラエルで市民として生活している。イスラエルの総人口は約1000万なので、その2割にあたる。つまり、イスラエル市民の5人に1人はアラブ人である。

アラブ系の市民は、同じイスラエル国籍を持っていてもユダヤ系とは差別され、二級市民のように暮らしている。様々な権利が制限され、住める場所も限られている。ただ、フセイン政権時代のイラクやアサド政権下のシリアなど、中東の他の国のアラブ人が置かれている立場と比べると、それでも比較的「まし」な扱いを受けていると言われることもある。このアラブ系イスラエル人は、アラビア語も、ヘブライ語も話すことができる。筆者は、イスラエルとパレスチナを含むアラブ世界全体が和解をする時が来れば、この人たちが、両者をつなぐ橋になって欲しいと期待している。

このイスラエルに住むアラブ人とセファルディムは、当たり前だがアラビア語がネイティブである。そのため、建国から長い間、イスラエルでは当たり前のようにヘブライ語とアラビア語を公用語としていた。しかし、イスラエル社会の右傾化を受けて、政府は2017年の閣議で自国を「ユダヤ人の民族の国家」と定義した。そしてアラビア語を公用語から外した。

なお、イスラエルという三階建ての家には地下もついている。その地下室には、占領地のパレスチナ人がいる。その人口は約550万人になる。シオニスト支配下の社会の最底辺の住人である。

キャスティングボートを握る宗教政党

奇妙な表現だが、イスラエルの政治は、まとまりが悪い。最近では2018年から22年の3年半の間に、5回も選挙が行われている。総選挙をしても安定した連立内閣が組閣できず、また選挙になるからである。なぜまとまらないのか。理由の一つは、「ユダヤ人が2人いたら、政党が3つできる」と言われるほど個性的で意見が強いから、大政党ができないという説がある。

しかし筆者は、イスラエルの選挙制度が、まとまらない理由だと考えている。選挙は全国単一区で、ほぼ完全比例代表制である。死に票が出ない仕組みが少数政党に有利に働き、生き残りやすい。そして過半数の議席を獲得する党が出ないため、連立政党になる。少数政党の動きにより、どの党が政権を取るかが決まるため、小さな党がキャスティングボートを握ることも増える。なぜイスラエルがこうした選挙制度を選んだかと言えば、それは個々人の意見が強いからだろうか。

特に問題になるのは、宗教政党の存在である。イスラエルのユダヤ人の多数派は、世俗的であり宗教に格別に熱心というわけではない。だが少数派ながら、宗教のことしか考えない人々がいる。黒づくめの服装をした人たちである。この人たちは、宗教の勉強をして祈りを捧げることが大事なので、働いてお金を稼いだり、兵役に行ったりすることを拒んでいる。そしてそうした人たちがつくった宗教政党は、連立政権に入るにあたり、神学生への補助金を出させたり、兵役の免除を約束させたりしている。それをしない大政党とは連立を拒否する。となると、大政党の方が大幅な譲歩を迫られる。いわゆる「ゆすり戦術」である。これが世俗的な人たちから反発を受けている。そして宗教に熱心な人たちは子だくさんで、その割合が年々増えている。イスラエル社会の中で、世俗的な人たちと極端に宗教的な人々との間での軋轢が強くなっている。

占領地か解放地か

すでに見たようにイスラエルは、1967年の第三次中東戦争の勝利によって、ヨルダン川西岸やガザ地区などを占領することになった。当時の与党であった労働党の基本的な態度としては、「占領地」は防衛のために必要という考え方であった。それまでのイスラエルの国境は、北から南まで細長く、あまりに防衛しにくいものであった。そのため安全保障の観点から、占領地を保持しようとの立場であった。ということは、アラブ諸国との和平が成立し、戦争の危険が消滅すれば、占領地の返還が可能であるという立場でもあった。

ところが、当時は野党だった右派リクードの支持者たちの理解は違った。「占領地」は占領地ではないとするものであった。ヨルダン川西岸もガザも、もともと神からユダヤ人に与えられたものであり、本来の所有者の手に戻ってきたという理解である。そのため、占領地ではなく〝解放地〟であり、安全保障上の必要性があってもなくても、返還すべきではないとの考え方である。

このような考え方自体は、イスラエル建国前からシオニストの一部が抱いていたものであった。当時は決して主流派とは言えなかったが、１９６７年の第三次中東戦争であまりに鮮やかにイスラエルが勝利を収めたために、流れが変わった。イスラエルの勝利を奇跡と見なす考えが広がった。戦争が６日間にわたって戦われた事実に、神秘的意味を見出した者も多かった。聖書の創世記に言う、神が６日間で万物を創造され、７日目に休まれたとの記述を想起したからである。

つまり、占領地は占領地ではなく解放地であり、西岸とガザはイスラエルへの神からの賜物という議論である。人間には神の意志に反してこの土地を放棄する権利はないことになる。片方の議論に神様が出てきたのでは、妥協の余地がなかった。やがてパレスチナ人の抵抗組織の間でも、神が議論されるようになってきた。パレスチナ問題が、宗教が原因で起きたものでないことは確かだが、紛争が長く続くことで宗教的な人々を巻き込んでその熱を高め、ややこしくしてしまっている。イスラエルが占領地を長く保持し続けたことが、その課題をより根深くしてしまっている。

いずれにしても、国際法上は占領地は占領地である。その後、労働党に代わってリクードが政権を取るようになるが、さすがに国際法上の占領地をまさか公式に「解放地」と呼ぶわけにもいかない。そこで現在まで、「管理地域」という曖昧な言葉が使われている。イスラエルが管理している地域という意味である。敗戦を終戦と呼ぶ類の心理だろうか。

入植地というやっかいな問題

イスラエルが占領を開始した1967年から、増え続けているのが入植地である。入植地とは、イスラエルが占領しているヨルダン側西岸に、イスラエルのユダヤ人を住まわせている土地のことである。入植者の数は、オスロ合意が結ばれた1993年には11万人だったが、現在は約70万人とされている。入植者は、特に近年になってたいへんな勢いで増えている。そのうちの22万は、イスラエルが併合を宣言したものの、国際法の上では占領地である東エルサレムに生活している。

そこにはどのような人々が暮らしているのだろうか。ひとつは、イスラエル政府が家賃を安くしているため、低所得者が住んでいる。もうひとつは、イデオロギーとして意図的に入植地に住む人たちもいる。その人たちの認識は、先に述べたような占領地ではなく解放地というものである。パレスチナ人に土地を返すべきでないという立場である。非常に過激であり、日常的に近隣のパレスチナ人に暴力行為を繰り返している。

入植地にも二種類ある。ひとつはイスラエル政府公認の入植地である。政府が予算を組んで建設し、家賃を安くして人々を住まわせている。もうひとつは、過激な入植者がパレスチナ人の土地を奪い勝手に作った入植地である。「アウト・ポスト」と呼ばれるこのような入植地は、イスラエルの裁判所が違法と認定している。ネタニヤフ政権は、このような人々の行動を止めるどころか、そのほとんどを後付けで承認してきた。そして勝手に作った入植地であっても、後付けで政府が認めれば「ユダヤ人をパレスチナ人から守るため」との名目で、兵士が派遣され保護する。

国際法の基準からすれば、どちらの入植地であっても違法である。国連は再三にわたり、イスラエルの入植地の撤去を求めてきた。しかし、イスラエル政府はその勧告を無視し入植地を拡大し続けている。

入植者の存在は、紛争をより複雑に、そして血まみれにする。入植活動が長引けば長引くほど、そこで生まれ育つ人たちが増えるため、容易に撤退できなくなってしまう。政治的にも物理的にも、入植者を動かすのが困難であることは、歴史が証明している。イギリスが植民地にしていたインドでは、入植者がほとんどいなかった。そのため、イギリス政府が決めた通りに撤退が行われた。しかし、フランスが植民地としていたアルジェリアでは、多くの入植者がいたため大混乱が起き、当時のシャルル・ド・ゴール政権の転覆まで考えるグループも出た。その史実をモデルに、アルジェリアの入植者組織によるド・ゴール暗殺をテーマにした『ジャッカルの日』という小説は、映画化もされている。なお、オスロ合意を結んだイスラエルのラビン首相を暗殺した、極右のユダヤ人青年イガール・アミルの寝室で、この『ジャッカルの日』が見つかった。

イスラエル社会が右に振れる要因

イスラエルの政治は、どんどん右に傾いている。中でも2022年末に発足した現在のネタニヤフ政権は、イスラエル史上もっとも右寄りの極右政権である。クネセットで7議席を有する「宗教シオニズム」党と、6議席の「ユダヤの力」党といった極右の少数政党が連立政権に入り、警察行政に関わる閣僚ポストを手に入れたことで、混乱も起きている。こうした極右政党は、パレスチナ人の追放あるいは違法な入植地「アウトポスト」の撤去の停止を主張している。ガザのハマスに対して核兵器の使用も「選択肢の一つ」かと問われ、否定しなかったアミハイ・エリヤフ・エルサレム問題・遺産相も、「ユダヤの力」の議員である。これが国際的に物議を醸した。

なぜイスラエル社会が右に傾いて来たのか。理由のひとつは、和平に対する幻滅である。1993年にラビン首相がオスロ合意を結んで以来、和平のために譲歩をして来たが、パレスチナ側に和平をする気がないという考え方が一般的になっている。イスラエルは最大限に譲っているのに、まだ満足できない強欲な人々という認識である。もちろん、占領されているパレスチナの側から言えば、イスラエル側が最大限に譲ったといっても、占領地の一部しか戻ってこないという話であり、納得のできる条件とは言えないのだが。

理由の2つ目は、1991年に旧ソ連が崩壊して、ロシア移民が100万人単位でやってきた。これに関しては前にも触れた。この人たちは、元からアラブ人に対する人種差別的な意識が強く、妥協しようという考えが少ない傾向がある。ロシア系ユダヤ人は、いまやイスラエル国内で一大勢力となり、「我が家イスラエル」という右派政党も組織し影響力を高めている。

3つ目は、先に述べた占領地ではなく解放地であるとの認識を持つ人が増えていることである。この人たちの人口比を大きくしている人口動態については、次の項で取り上げよう。それにともなって入植者も増えている。そして、イスラエル政府の入植地の拡大やパレスチナ人の追放といった右寄りの政策が、そうした人々の行動を助長している。

イスラエル社会が右に振れる要因は、他にもある。他方で、パレスチナとの和平に踏み出すべきだとの世論を強めるような要因は、残念ながら少ない。イスラエル経済は、ハイテク産業の活況で好調である。社会が右傾化しようと、経済が順調であれば良いと考える人は多い。また占領地で何が起きているかという事実について、興味がないし考えたくないし、見たくもないというイスラエル人は多い。これが、ある意味では最大の問題だろうか。ガザの人々がどれほど苦しんできたかについては、何も知らない。そして〝テロ〟が起きると、「私たちは平和に暮らしていただけなのになぜ」という反応になる。

そして、イスラエルは国外からのユダヤ人の移民を奨励している。それにより、アメリカなどから移住をして、入植地に住んだりイスラエル軍に入隊したりする熱狂的なユダヤ系の人が増えている。他方でこれだけ社会が右傾化すると、和平を望んでいたイスラエル人にはますます居場所がなくなる。出国してアメリカやヨーロッパに新天地を求める人もいる。そのため、ますますイスラエル社会の右傾化に拍車がかかっている。極右政権の誕生は、その象徴かもしれない。

人口動態とアパルトヘイト

イスラエルの人口は増えている。その人口をおさらいしておこう。イスラエルの総人口は、約1000万人である。その75%がユダヤ人で、アラブ人が20%、そして、その他が5％である。実数にすると、ユダヤ人が750万人になる。そして、イスラエル成立後にその地に踏みとどまったパレスチナ人が、子孫を含めて人口の20％を占める。実数にすると200万人である。そのほかは、ユダヤ人でもアラブ人でもない少数派で、実数にすると50万人である。

イスラエル女性の生涯出生率は3・0程度である。これは、一人の女性が産む子どもの数である。現在の人口を維持するためには、この数値が2・07必要である。大半の先進工業国では、出生率がこの2・07を切っており、人口の減少を経験している。ちなみに日本の2022年の数値は1・26だった。

イスラエルの出生率の高さの理由は何だろうか。最大の要因は、超正統派と呼ばれる人々の子どもの多さである。第二に、好景気が持続していたという経済的要因があるだろう。第三に移民の流入も指摘できるだろう。第四に不妊治療が広く行われているという医療サービスの水準の高さがあるだろう。

宗教・宗派別では、イスラム教徒の方が出生率は高いものの、爆発的に増えているわけではない。注目すべきは、ユダヤ教徒内での出生率の比較である。ユダヤ教の超正統派と呼ばれる人々の間の出生率が極端に高い。数値が6・64である。ということは長期的には非常に保守的で宗教的な層の人口比が高まっていく。これが、イスラエル国内の世俗的な層との緊張を高めるだろう。また宗教的には改革的な傾向の強いアメリカのユダヤ教徒と、イスラエルとの間の距離をこれまで以上に広げかねない。

ヨルダン川西岸とガザでの人口動態も重要だ。ヨルダン川西岸には約330万人、ガザには約220万人のパレスチナ人が生活している。そして、その生涯出生率は3・5である。

おおざっぱな算数をしよう。国際的に認められたイスラエル国境内、ヨルダン川西岸、ガザの人口を全て合わせると、1550万人になる。そのうち750万人はユダヤ人である。そして760万人はパレスチナ人になる。その他が50万人である。

聖地パレスチナ、つまりイスラエルとガザとヨルダン川西岸を合わせた地域の人口の過半数は、すでにユダヤ人ではない。そして占領地での出生率の高さを考慮すると、パレスチナ人の比率はさらに高まってくる。

西岸地区では、ほんのわずかな土地がパレスチナ人の自治に委ねられているだけで、大半の地域がイスラエルの支配下にある。つまり占領下にある。その占領下では、パレスチナ人の土地を奪ってユダヤ人の入植活動が行われている。ガザ地区は、イスラエルとエジプトによって封鎖が続いている。２２０万人のパレスチナ人を、ここまで追い詰める政策に対し、国連などを中心に非難の声が上がってきた。

聖地と呼ばれる土地にユダヤ人が特権階級として君臨し、二級市民としてイスラエル国籍を持つパレスチナ人がいる。さらにその下に占領下のパレスチナ人が生活している。そこでは、重大な人権の蹂躙が日常化している。どこかで見たような社会構造である。そう、かつて少数派の白人が多数派の有色人種を支配した、南アフリカの支配構造と類似している。南アフリカの人種隔離と差別の構造には、つまり人種隔離政策にはアパルトヘイトという名称がつけられていた。このまま占領を続ければ、イスラエルはアパルトヘイト国家としてやっていくことになる。

つまり現在の占領政策を続ける限り、イスラエルがユダヤ人国家であり同時に民主主義国家であることは不可能である。もしイスラエルの支配地域全体で民主主義を実施すれば、つまりパレスチナ人にも投票権を与えれば、この国をパレスチナ人が支配することとなる。しかし、現状を続ければアパルトヘイト状態の深化である。民主主義を実践してユダヤ人国家を止めるか、ユダヤ人支配を続けてアパルトヘイト国家としてやっていくのか。イスラエルが直面するディレンマである。

そもそもシオニズムは三つの目標を持っていた。一つはユダヤ人国家の建国、二つ目は聖地パレスチナでの建国、そして三つ目が民主国家の建設であった。しかし、聖地パレスチナの人口の過半数がアラブ人である現実を踏まえると、この三つの目標は、同時には達成できない。

ユダヤ人国家で民主主義国家であるための落とし所としては、西岸とガザを切り離して、聖地パレスチナの78%を占める現在のイスラエル国家のみを、ユダヤ人がマジョリティの民主主義国家とすることである。切り離すというのは、現状の占領や封鎖をやめて、そこでのパレスチナ人の国の樹立を認めるということである。しかしイスラエルはそれを拒否している。このまま、宗教的に熱心なユダヤ教徒が増え続け、入植を進めていけば、アパルトヘイトが深化するばかりである。

第5章　揺れ動くアメリカ

ユダヤ・ロビー　影響力の秘密

中東で最も影響力のある国は、中東にはない。アメリカである。アメリカは世界で唯一、イスラエルに言うことを聞かせられる国である。なぜならアメリカの経済的、軍事的、そして政治的な支援なしには、イスラエルは成り立たないからである。しかし、アメリカは国際法違反を繰り返すイスラエルを、基本的には支持してきた。アメリカはなぜイスラエルの支持を続けるのだろうか。

その理由は、アメリカのユダヤ人の政治的な影響力ゆえだ。アメリカのユダヤ系市民の人口に関しては議論がある。たとえばユダヤ系の資本に所有されている『ニューヨーク・タイムズ』紙は750万という数値を使っている。少し高めの推測値だろうか。それでも、アメリカの総人口の3億5000万の2％強にしか過ぎない。しかし、その投票率の高さゆえに、実際には選挙の際には、その2倍程度の重さを持っているだろうとの見方もあるようだ。

議員の数を見れば、人口比以上にユダヤ系の市民の政界での成功がわかる。2023

年1月時点で、アメリカ連邦議会には上下両院で33名のユダヤ系議員がいた。上下両院の定数の合計は535名なので、これは6%となる。上院だけでみると、定数100の内の9名がユダヤ系である。つまり、その比率は9%である。下院を見ると定数が435でユダヤ系議員は24名である。比率は5・6%となる。いずれも総人口比をはるかに上回っている。データで見ると、ユダヤ系の人々は政治の世界で大変な成功を収めている。

その結果がアメリカのイスラエル支援につながっている。たとえば、2006年に発表されたシカゴ大学のジョン・ミアシャイマーとハーバード大学のジョン・ウォルトの両教授の共著の論文『イスラエル・ロビーとアメリカの外交政策』によれば、1970年代以来、アメリカの対外軍事・経済援助の2割がイスラエルに与えられている。数字は、ユダヤ系市民の強力な政治力を語っている。だが、その強力なロビー活動で知られているアメリカのユダヤ系市民は、前述のようにわずか750万である。数の力に頼れないとすると、その影響力の強さはどこから来るのだろうか。

第一に指摘しておきたい事実は、ユダヤ人以外で中東地域に強い興味を有している「よく組織された集団」が存在しなかった点である。アメリカの人口の大半を占めるキリスト教徒は、聖書の舞台である中東にそれなりの興味は抱いている。しかし、それは強烈な興味ではなかった。「強烈な」というのは、アメリカの中東政策をある方向に向けるためにお金を使ったり、デモに行ったり、政治家に手紙を書いたりするほどの興味である。大半のアメリカ人が大した興味を示さなかったのであるから、少数の熱烈なイスラエル支持者がアメリカの中東政策を引っ張れた。

第二にユダヤ人の教育水準の高さに注目したい。ジャーナリスト、評論家、研究者、大学教員を数多く出しており、マスコミにおいてその発言力が強い。またメディア企業そのものを所有している例もある。たとえばアメリカを代表する新聞『ニューヨーク・タイムズ』紙はユダヤ人の所有である。また『ワシントン・ポスト』紙もユダヤ系の所有だったが、2013年にネット販売大手のアマゾンの創業者のジェフ・ベゾスが2億5000万ドルで買収した。ベゾスは、その宗教に関しては語らないが、ユダヤ系ではないようだ。

ユダヤ人の教育水準の高さは経済的な成功にもつながっている。そしてユダヤ系市民たちは、その経済力をイスラエルのために使ってきた。アメリカの政治家の間ではユダヤ人は気前のよさで知られている。ビル・クリントンが最初の大統領選挙の際に集めた政治資金のうち、個人献金の実に4割がユダヤ系市民からのものだったと報道されている。大統領選を勝ち抜くには、選挙戦の早い時期に十分な軍資金を集めることが重要だ。そして資金が十分でない候補には、寄付はますます集まらずに選挙から撤退することになる。寄付をする方は、何らかの見返りを期待しているが、候補者が負けてしまえば寄付金が捨て金になるからである。

ユダヤ・ロビーは、早期に支持候補を決めて資金を流し込む。候補者にとって資金集めがいちばん重要で、しかも、いちばん難しい時期に寄付をすることで政治家に恩を売るわけだ。結果としてユダヤ人たちの寄付は、その額以上のインパクトを持ちうる。ユダヤ人の多くは伝統的に民主党を支持しているので、特に同党の政治家にとってはユダヤ人の支持を得ることが肝要である。ビル・クリントン大統領にとってもそうであった。また2008年の大統領選挙で民主党の指名を激しく争ったヒラリー・クリントンとバラク・オバマの両上院議員にとっても、ユダヤ系の人々の支持は重要だった。

もう一つユダヤ人の政治面での影響力を拡大させている要因に、その人口分布がある。大統領選挙の勝敗を決する人口の大きな州に、ユダヤ人が集中しているからである。アメリカの大統領選挙制度では、各州の人口に応じて大統領選挙人が割り当てられている。そして大半の州では、最高得票者が各州の選挙人を独占する。最大はカリフォルニア州の54人、最少は首都のあるワシントン特別区の3人である。選挙人の総数は538人である。そして選挙人の過半数を、つまり270人以上を得た候補者が当選する。したがって人口の、つまり大統領選挙人の数の多い州が特に重要となる。具体的にはカリフォルニア州、ニューヨーク州、イリノイ州、そして2000年の大統領選を決したフロリダ州などである。ユダヤ人の人口の多い州と大統領選挙人の多い州は、ほとんど重なっている。特に接戦の際にはその分だけユダヤ票は重みを増す。そうした例としては、1948年の大統領選挙がある。

11分後の承認

イスラエルは１９４８年の5月に成立した。そして、同じ年の11月にアメリカで大統領選が予定されていた。アメリカの国務省はイスラエルの承認には消極的だった。アラブ諸国との関係を悪くすると懸念したからである。にもかかわらず、ハリー・トルーマン大統領は、イスラエルの成立宣言から11分後という早さで同国の承認を発表した。世界最速の承認であった。

当時、アメリカのユダヤ系市民は６００万とされていた。その大半は、トルーマンの属する民主党の支持者であった。トルーマンは、政治的な足場の弱い指導者だった。というのも、トルーマンは選挙で選ばれた大統領ではなかったからだ。その前任者は、アメリカ史上で最も偉大な大統領の一人として評されるフランクリン・ルーズベルトだった。そのルーズベルトが、１９４５年4月に世を去ると、副大統領であったトルーマンが大統領に昇格した。そしてトルーマンは、１９４８年の大統領選にも出馬した。

偉大なルーズベルトの後では、誰が出ても大きくは見えない。また選挙を経ていないことから「本当の大統領ではない」という雰囲気が、どうしてもトルーマンには付きまとっていた。事前の世論調査では、共和党の対立候補がトルーマンを5%もリードしていた。しかも、本番の選挙の開票作業は、対立候補のリードで始まった。しかし、リードを許していたトルーマンが、明け方になって逆転した。新聞社が、対立候補が当選したとの誤報を出すぐらいの接戦であった。不利との事前の予想であったので、トルーマンはユダヤ人の支持を強く必要としていた。それが11分後の承認につながった。

イスラエルを撤退させた米大統領

歴代の大統領が皆、イスラエルの言いなりだったというわけではない。対照的なのが、トルーマンの次に大統領となったドワイト・アイゼンハワーの姿勢である。すでに述べたように、1956年10月の第二次中東戦争では、イギリスとフランスとイスラエルが共謀してエジプトを攻撃した。スエズ運河を国有化したエジプトのナセル大統領を失脚させるのが目的だった。

軍事面では成功だったが、アメリカの予想外の反応を受けて、3国はエジプトからの撤退に追い込まれた。この戦争の時期、ちょうど東ヨーロッパではハンガリー動乱が進行中だった。これはハンガリーの国民が自由を求めて立ち上がり、共産主義の支配を打倒しようとした事件だった。ソ連は、軍事介入でハンガリーの人々の希望を打ち砕こうと、その機会を狙っていた。アメリカは世界の注目をハンガリーに集めて、ソ連の動きを牽制しようとしていた。

ところが同盟国のイギリスとフランスが、イスラエルを誘ってエジプトで戦争を引き起こした。世界の関心が中東に移った隙に、ソ連軍がハンガリーに介入して人々の運動を弾圧した。

アメリカのアイゼンハワー大統領はソ連に怒り、ソ連に行動の好機を提供したイギリス、フランス、イスラエルの3カ国に激怒した。アメリカの撤退要求を受けて3カ国は、すごすごと撤兵した。アメリカに経済的に依存していた3カ国には拒否という選択はなかった。これは、アメリカがイスラエルに対して強い態度に出た最大の例である。イギリスがこの戦争にイスラエルを誘った理由は、この年の11月に大統領選挙を控えていたアイゼンハワー大統領が、ユダヤ人の動きを考慮してイスラエルに対して強く出られないと踏んでいたからだ。だが、見事に読みが外れた。

選挙前なのになぜアイゼンハワーは、イスラエルに強い態度で接することができたのだろうか。共和党推薦の大統領候補であるアイゼンハワーは、いずれにしてもユダヤ票の大半は当てにできない立場にあった。伝統的にユダヤ人は民主党支持であるからだ。また現職で、しかもノルマンディー上陸作戦を指揮したアイゼンハワー将軍は、ヨーロッパ解放の英雄として国民的人気を博していた。ユダヤ人の支持が得られなくとも、再選が危ぶまれるような立場ではなかった。１９４８年のトルーマンとは全てが違っていた。そして11月7日、大差でアイゼンハワーは再選された。

実際のところアイゼンハワーは、イスラエルへの強硬な政策にもかかわらずユダヤ票の40%を獲得している。この数字は当時のユダヤ組織の集票力が言われていたほど強くなかったことを示している。

こうした苦い経験が、ユダヤ・ロビーの組織化に拍車をかけた。その中核となったのが、この事件の2年前に設立されたユダヤ・ロビーの代表ともいえるＡＩＰＡＣ

（American-Israel Public Affairs Committee、アメリカ・イスラエル公共問題委員会）である。やがて巨大な組織に成長した。50ドル程度の年会費を払う6万5000名の会員に支えられ、1990年代末には年間予算規模1500万ドル、職員数150名程度の組織に成長している。

しかし、そのインパクトは予算規模や職員数が示唆するよりは、はるかに強い。それは、このAIPACが、全米の50を超えるユダヤ人組織を束ねる役割を果たしているからだ。そのいくつかは、予算規模でも会員数でもAIPACよりずっと大きい。AIPACは、全米のユダヤ人のエネルギーをイスラエルのために結集する世話係である。現在のユダヤ・ロビーの影響力は、アイゼンハワーの頃とは比べ物にならないほど強く大きくなっている。その後AIPACは、反イスラエルとみなす議員の選挙区に、刺客候補を送り込むなどの手法で、政治家のイスラエルに批判的な言動を封殺してきた。アメリカの政治家にとっては、こうして時とともにイスラエルを批判することが難しくなっていった。

もう一つの親イスラエル勢力

1980年代頃からは、ユダヤ人以外で熱心にイスラエル支持を訴える勢力が政治的に台頭してきた。キリスト教原理主義とか福音派などと呼ばれる人々の勢力である。神を信じ、教会に定期的に通う人々の割合が、ヨーロッパの主要国などに比べてアメリカでは突出して高い。政治と宗教の分離が建前とはいえ、宗教はアメリカの政治に濃く深い影を落としている。

そもそも原理主義者とは、聖書を文字通り受け入れる人を指す。宗教右派とも呼ばれる。ここでは、自らが信ずるキリスト教的な価値を、政治を通じて実現しようとする考えを原理主義として言及しよう。数で言うと、アメリカの有権者の十数%を占めている人々だ。概して投票率が高く、政治的には実際の数以上の重さを感じさせる存在だ。その主張は、進化論を否定し、同性愛を拒絶し、妊娠中絶を殺人とみなすなどだ。

ユダヤ系は伝統的に民主党を支持しているが、宗教右派は共和党の支持基盤の中核をなし、現在のアメリカの政治で大きな発言力を持っている。2001年から2009年まで、2期8年にわたり大統領を務めたジョージ・ブッシュ（息子）大統領は、原理主義勢力の支持を受けて当選した大統領である。また大統領自身が39歳の時に、カリスマ的な大衆伝道師の指導で「ボーン・アゲイン」を経験したとされる。ボーン・アゲインとは「再度生まれる」という意だが、日本語の「生まれ変わる」に近いニュアンスだろうか。この経験によって享楽的な生活を終え、その後に政治の道に入ることになった。

さらに第3章で紹介したように、2016年の選挙では原理主義勢力が支持したトランプが大統領に選ばれている。トランプは、この勢力の支持に応えてイスラエル、そしてネタニヤフ政権を熱烈に支持する政策を実施した。共和党にとって、この原理主義勢力は大票田である。そのため、次の選挙で共和党から大統領が出ることになれば、誰がなってもイスラエルへの熱い支持は変わらないだろう。

それではキリスト教原理主義勢力は、なぜイスラエルを支持するのだろうか。この人々は、以下のように歴史をとらえている。イスラエルの建国は、聖書に記されたユダヤ人の古代王国の「神の御業」によるよみがえりである。つまりイスラエルの建国は、神の力による奇跡である。それゆえイスラエルを熱く支持している。しかも占領地の入植までも支持する。なぜならば、占領地を含む全パレスチナのユダヤ化がイエスの再臨の準備になるという世界観を持っているからである。この認識を表現する適切な言葉を知らない。世界観とか宇宙観とでも呼べるのだろうか。ここでは仮に歴史観という言葉を使おう。この歴史観を受け入れれば、ネタニヤフ政権下でのイスラエルによるパレスチナ占領地への入植は、神の意志に従った行為となる。なお、福音派の歴史観ではキリストが再臨した後は、ユダヤ教徒はキリスト教徒に改宗するか、地獄に落ちることになっている。だが、少なくとも、世の終わりが来るまでは、シオニスト強硬派とキリスト教原理主義者は、同じ側に立って闘える。イスラエルのタカ派は、アメリカに新しい同盟者を得た。このイスラエルのためにアメリカを動かそうとする二つのグループ、つまりユダヤ・ロビーとキリスト教原理主義勢力をあわせて親イスラエル・ロビーと呼ぶ。

なお、こうした原理主義勢力とイスラエルのタカ派との連携を、快く思わないユダヤ系アメリカ人もいる。ユダヤ系は本来リベラルな人が多く、原理主義者の保守的な思想とは肌感覚が合わないからである。

イスラエルを批判するユダヤ・ロビー

　ユダヤ系アメリカ人のイスラエル支持には、広く深いものがある。だが同時に、その支持の形は多様化してきている。たとえば２００８年に発足したＪストリートというユダヤ系の団体は、イスラエル支持をうたいながらも、現在のイスラエルの政策に批判的である。たとえば、Ｊストリートは２００８年末にイスラエルが開始したガザに対する攻撃を批判した。これまでアメリカのユダヤ人組織の大半は、イスラエル政府がどのような政策を採ろうが無条件で支持してきた。ところがＪストリートは、イスラエルの政策を公然と批判しつつ、しかもイスラエル支持を強調している。この団体は何を求めているのだろうか。

　それは、アメリカの積極的関与による中東和平の実現である。パレスチナ国家の樹立による二国家解決案による問題の収拾である。具体的には１９６７年の線（グリーンライン）までのイスラエルの撤退と、ガザ地区とヨルダン川西岸でのパレスチナ国家の樹立である。また双方の合意による若干の領土の交換も排除しない立場である。言葉を変えるならば、これはビル・クリントンやオバマの描いた和平案である。

このJストリートとは、いかなる組織なのか。広報担当者によると、アメリカの積極的な関与による中東和平の実現が、イスラエルのユダヤ性と民主制を守る唯一の政策である。イスラエルはヨルダン川西岸の占領によって、自らの民主主義的なリベラルな価値を失いつつある。イスラエルがリベラルな民主制を維持し、しかもユダヤ性を維持したければ、占領地を切り離すしかない。そして、そこにパレスチナ国家を樹立するしかない。その新国家とイスラエルが平和裏に共存する。それが民主制とユダヤ性を同時に維持する唯一の方法である。占領を続けパレスチナ人の人権を蹂躙し続けるイスラエルは、ユダヤ人たちが夢見てきたリベラルな民主国家ではない。常にテロと戦争の影に怯え臨戦態勢にある国家では、民主主義的なリベラルな価値は窒息してしまう。こうした発想がJストリートの主張の背景にある。

しかもイスラエルの内政を考えると、右傾化している連立政府には和平のための大幅な譲歩は期待できない。それは奇跡を待つようなものである。奇跡の代わりにアメリカの影響力で中東に和平を実現したい。アメリカのみがイスラエルを和平の方向に引っ張る力を持っているからだ。Ｊストリートの情勢認識である。

組織としてのＪストリートは、直接に議員に働きかける、いわゆるロビー活動も行っている。対議会活動の一環として議員を中東現地に送ったり、逆にイスラエルのオピニオン・リーダーをアメリカに招いたりするなどの活動も行っている。イスラエルの元軍関係者で和平に積極的な人物を招き、アメリカのユダヤ人たちにイスラエルの和平勢力への支持を訴えてもいる。

Ｊストリートの姿勢の根底にあるのは、これまでのイスラエル支持組織が必ずしもアメリカのユダヤ人の意見を忠実に反映していないとの認識である。

たとえば２０２０年にＪストリートが公表したユダヤ人の世論調査では、アメリカのイスラエルへの援助が、ヨルダン川西岸の併合に使われないようにするとの提案に57％が賛成している。また、その翌年の２０２１年に、他のユダヤ系の組織が公表した世論調査によれば、ユダヤ系市民の61パーセントが二国家解決案を支持している。Ｊストリートなどの主張は、アメリカがイスラエルに圧力をかけてでも入植を止めるべきという意見である。これらはいずれもネタニヤフ政権の方針とは相反するものだ。Ｊストリートによれば、既存のアメリカの親イスラエル団体は、イスラエル政府の立場を無批判に支持するあまり、イスラエルの真の国益に反してきた。真の愛は、ときには厳しさを伴うべきであると主張している。ＡＩＰＡＣに比べるとＪストリートはまだまだ力が弱い。それでも、それなりの影響力は持ち始めている。特に若い層に浸透している。オバマ政権は中東和平を放棄してしまったが、オバマ応援団として始まったＪストリートは大きく育っている。

世代交代

同じユダヤ系でも、世代によりホロコーストやイスラエルへの意識は大きく異なる。60代以上の世代は、親がホロコーストの生き残りだったり、親類が犠牲になったりした記憶が生々しい。だからこそ、何がなんでもイスラエルを支持するという立場の人が多い。しかしＪストリートに代表されるような若い世代は違う。もちろん、ホロコーストを知っており、イスラエルに対するシンパシーは強い。しかしながら、だからといってイスラエルが何をしても許されるとは考えない。

そしてユダヤ系に限らず、アメリカの若年層の多くが、パレスチナ人の人権にも配慮することを求めるようになっている。また、アラブ系やイスラム教徒の人々の影響力も少しずつ高まっている。そうしたことによって、民主党内ではイスラエルの占領政策への批判的な論調が高まっている。

２０１６年に民主・共和両党の支持者を対象にピュー研究所がアンケートを行った。イスラエルとパレスチナのどちらに同情するかという内容である。まず、リベラルな民主党員の間ではパレスチナ支持がイスラエル支持を上回った。それだけでも驚くべき結果であったが、この時点では保守派も含めた民主党全体では、イスラエル支持が上回っていた。しかし２０２３年のハマスの攻撃前に行われたギャロップによる世論調査では、保守派を含めた民主党全体でも、パレスチナ支持が上回るようになった。さらにアメリカ全体としても、年齢が若くなればなるほどパレスチナ人への同情心が高まる傾向にある。

今回のガザをめぐる問題でも、「進歩のためのデータ」という組織によれば、10月中旬の世論調査では、つまりガザの爆発から10日ほど後の時点では、即時停戦を求める声が全体の66パーセントを占めている。また民主党支持者だけに絞れば、その率は80パーセントに達している。イスラエルが停戦したくなくても、アメリカ国民の7割近くが即時停戦すべきだと言っている。こうした変化は、将来のイスラエルとアメリカとの関係を大きく変える可能性がある。

ガザからミシガンへ

そのアメリカでの当面の政治動向は、２０２４年11月の大統領選挙へと収束しつつある。すでに説明したように、アメリカの大統領選挙では、各州の割当てられた大統領選挙人の過半数を取った候補が勝者となる。大半の州では、選挙で一番多くの票を得た候補が、その州の大統領選挙人を独占する仕組みになっている。そして多くの州では選挙前から民主党が勝つか、共和党が勝つかが、ほぼ決まっている。ルイジアナやアラバマは共和党が勝つ。ニューヨークやカリフォルニアは民主党が勝つ。これは逆立ちしても変わらない。こうした共和党の伝統的に強い州は「赤い州」と呼ばれ、民主党が強い州は「青い州」と呼ばれる。これがアメリカの大統領選挙の最近の構図である。

　その結果、勝利のカギを握るのはスイングステート（揺れ動く激戦州）での結果次第である。特に大きな影響を与えるスイングステートはミシガン、ウィスコンシン、アリゾナ、ジョージア、ネバダ、ペンシルバニアの６州である。その多くは、東部から南西部にまたがる「ラストベルト（錆びついた工業地帯）」と呼ばれる地域でもある。かつては鉄鋼や自動車のような重厚長大な産業が栄えた地域である。大統領選挙ごとに共和党が取ったり民主党が勝ったりする州である。赤と青を混ぜると紫色になるので、「パープルステート（紫色の州）」として言及されることもある。２０１６年にトランプとヒラリー・クリントンが闘った時は、トランプが激戦州を取って大統領となった。その次の２０２０年の大統領選挙では、バイデンがスイングステートを抑えた。

　スイングステートの中でも、ここでは、ミシガン州に注目したい。というのは、この州はある意味で特異で、それゆえに中東情勢の影響を、直接受ける可能性があるからだ。

　さてミシガンでは伝統的に自動車産業が盛んであった。高校を卒業してからずっと自動車工場で働いているような人も多かった。しかし、グローバル化の流れの中で、アメリカの自動車製造企業が工場を海外に移し始めた。低賃金の労働者を求めてである。そしてビル・クリントンが大統領の時代にNAFTA（北米自由貿易協定）が合意されたことで、メキシコなど人件費の安い国で自動車を製造して自由にアメリカに輸入できるようになった。この協定の発効を受けて自動車製造企業が工場を人件費の安いメキシコなどに移す流れが強まった。雇用が失われ、デトロイトはすたれてしまった。一時期、この街はデストロイド（破壊された）のような有様だった。そのため2016年の選挙では、ミシガンの人たちはヒラリーに投票しなかった。ミシガンでは、約1万票というごくわずかな差でトランプが勝った。これが、選挙結果に大きく影響した。そして2020年の大統領選挙では、接戦の末、バイデンがミシガンを押さえた。

バイデンは、ミシガンを重視している。その証拠に2023年9月には全米自動車労組のストライキの応援にミシガン州入りしている。そして同州でのストライキ現場を訪れ「要求を諦めてはいけない」と、賃上要求に対する支持を表明した。大統領がストライキの応援に行くなど、通常は考えられないことである。それだけミシガンは重要であり、それほどにバイデンは重視している。

2022年、バイデンのデトロイト訪問時に握手を交わすラシダ・タリーブ（写真：AP／アフロ）

さて、ミシガンの特徴は自動車産業の中心というだけではない。もう一つ特異な性格を持つ州である。それは、ミシガンにおける中東からの移民の多さである。アメリカ全土におけるイスラム教徒の人口比率は1・3％とされる。ところがミシガンは、それが3％にも達する。パレスチナ、レバノン、イラクなどから戦火を逃れてきた人々が多い。中東系の移民を背景に2018年の下院議員選挙では、このミシガン州からアメリカ初のパレスチナ系議員となるラシダ・タリーブが選出されている。タリーブの両親は、ヨルダン川西岸地区からの移民である。

ミシガン州がスイングステートであるように、イスラム教徒はスイング投票者である。2000年の大統領選挙では、共和党のブッシュ（息子）候補と民主党のゴア候補が対決した。ゴアはクリントン大統領の副大統領を8年間務めた。この時は、イスラム教徒の票はブッシュに集まった。理由の一端は、ゴア陣営にユダヤ系の影響力が強いと見られていたからだ。

この選挙で当選したブッシュはアフガニスタンやイラクなどのイスラム諸国で戦争を始めるなど、イスラム教徒には愛されなかった。したがって、イスラム教徒は共和党を離れ、その後の2008年の大統領選挙では、民主党のオバマを支持した。次の大統領のトランプもイスラム諸国からのアメリカへの入国を禁じるなど、イスラム教徒には愛されなかった。そして2020年の大統領選挙では、イスラム教徒は民主党のバイデンに投票した。

そして2024年の大統領選挙である。イスラム教徒は、どちらに振れるだろうか。その動向にガザ情勢へのバイデン大統領の政策が影響を与えそうである。10月7日のハマスによる攻撃の後、バイデンは鮮明にイスラエル寄りの姿勢を示した。イスラエルの自衛権を支持し、ガザへの空爆と地上侵攻を容認した。そしてアメリカ製の飛行機で、アメリカ製の爆弾で、ガザのパレスチナ人が殺されている。

ガザで多くの子どもたちが殺される様子が伝えられるようになると、バイデン政権への批判も目立つようになった。そしてブリンケン国務長官がイスラエルに停戦とは言わないが、一時休戦を提案するようになった。バイデン自身も、初めて西岸での入植は問題だと言うようになった。他方で、イスラエルへの2兆円に及ぶ軍事援助を議会に提案しているのだが。さらにイスラエルの「自衛権」を尊重し即時停戦は求めないという姿勢は12月末現在でも変わっていない。12月には、国連の安全保障理事会で「人道的な即時停戦」を求める決議案が二度採択されかけたが、いずれもアメリカが拒否権を行使して否決されている。

アメリカ国民の大半は、すでに見たように即時停戦を支持している。民主党支持者の大半もそうである。そしてイスラム教徒も殺戮の停止を求めている。ちなみにバイデンがストライキの応援に駆け付けた全米自動車労組も即時停戦を要求している。バイデンには、イスラエルの攻撃を止める力がある。であるので、殺戮が続けば続くほど、バイデンは返り血を浴びることになる。イスラエルの爆撃が、バイデンの支持基盤をも掘り崩している。

アメリカの選挙に外交政策は影響しないと言われているが、次の大統領選挙は例外となるかも知れない。もしバイデンが勝てないとしたら、ガザとミシガンが理由になるかもしれない。アメリカのイスラム教徒やアラブ系の人々の多くはバイデンに怒っている。いくつかのイスラム教徒の団体やアラブ系の団体が、２０２４年11月の大統領選挙ではバイデンに投票しないと言い始めている。だからといってこの人たちが、極めてネタニヤフ寄りなトランプに入れるというわけではないだろう。

もしかするとトランプでもバイデンでもない第三の候補に投票するかもしれない。あるいは、もっとありそうなのは、棄権である。選挙当日は、家でお茶を飲んでいるかもしれない。トランプにもバイデンにも入れない人が増えることで、結果としてトランプが有利になるだろう。

バイデンは古い政治家だから、その変化にまだリアリティを感じていないのかもしれない。だが、アメリカの政治家にとって、「イスラエルを支持してさえいれば安全」という時代はすでに終わっているのではないだろうか。バイデンは、もう一度、選挙のデータを見直した方がよい。ミシガン州に住む中東にルーツのある有権者数は26万人である。２０２０年にはバイデンはミシガンを約15万５０００票差で取っている。バイデンに大多数が投票するであろうと見られていた26万票が棄権に回ったら、簡単に、この差はひっくり返ってしまう。数字をもう一度おさらいしておこう。その前の２０１６年にトランプは、わずか1万票差で勝っている。ミシガンは激戦州である。

政治家の変化

有権者の変化を受けて、政策を変化させている政治家もいる。たとえば上院議員のバーニー・サンダースである。ユダヤ人でありながら、イスラエルの占領政策や軍による攻撃を厳しく批判してきた。また、下院議員のアレクサンドリア・オカシオ・コルテスは、ユダヤ系住民が多いとされてきたニューヨーク州選出の議員だが、封鎖下のガザの人々の苦境をたびたび訴えてきた。もちろんハマスのテロはいけないが、ガザの民間人の上に爆弾をこんなに落とすことをアメリカが支持していいのかと問いかけ続けている。こうした主張をする議員が、「ジュー（ユダヤ人）ヨーク」と呼ばれるほどユダヤ人の多いニューヨークから当選するということは、以前では考えられなかった。

ミシガン州から選出されたパレスチナ系の下院議員ラシダ・タリーブは、今回の紛争について、アメリカの政府と議会が、ガザの人々を攻撃するイスラエルを支持し続けることを批判している。そして、ガザの封鎖の解除や占領を終わらせるためにアメリカが動くべきだと求めた。しかし共和党のリッチ・マコーミック議員は、「タリーブ氏は反イスラエルの恐ろしい発言を繰り返してきた」と批判し、問責決議案を提出した。そして11月8日に賛成多数で可決された。その際、タリーブはこのように訴えた。

「私にとっては、パレスチナの子どもが泣き叫ぶ声も、イスラエルの子どもが泣き叫ぶ声も同じように聞こえます。なぜパレスチナの子どもの泣き叫ぶ声が、皆さんには違って聞こえるのかわかりません。私たちは共通する人間性を失ってはなりません」

アメリカ政府や議会では、依然としてイスラエル支持が主流である。しかしそのアメリカ社会では、根底から変化が起き始めている。

第6章　イランとヒズボラ

なぜイランはハマスを支援するのか?

ガザ情勢の展開で大きな役割を担っているのが、アメリカとイランである。一方でアメリカはイスラエルを支援している。その背景については前の章で論じた。他方でイランはハマスを支持し、軍事的な援助を与えてきた。またヒズボラや、さらにはイエメンのフーシ派の支援を行っている。その上、シリアやイラクではシーア派の民兵組織を支えている。ハマス以外は全てシーア派である。同じ宗派ならば、支援しても不思議ではない。しかし、なぜイランはハマスを支援するのだろうか。ハマスはスンニー派の組織である。

背景には、イランの革命政権の発想がある。イランの革命はすばらしいものだから、アラブ世界にも広めていきたいという認識である。ただ、アラブ諸国の大半がスンニー派が多数派である。しかも、ペルシア人のイランとは民族が違う。そこで、イランがアラブ世界に影響力を浸透させるテコとしたのがパレスチナ問題である。民族や宗派は違ってても同じイスラム教徒としてである。イスラムの聖地であるエルサレムが、イスラエルに占領されている。それなのにアラブ諸国は、何もしていない。黙って見ている。それに比べてイランは、イスラエルと戦うハマスを支援しているという構図である。

イランはシーア派でハマスはスンニー派だが、それがイラン革命の正しさは宗派を超えるとの宣伝になる。イランには、革命防衛隊というイスラム革命体制を守るための軍隊がある。その中で対外工作などを担当する部隊の名称はアル・クッズ部隊である。アル・クッズはエルサレムを意味する。この部隊名こそ、イランがイスラム教の聖地であるエルサレムのイスラエルからの解放を錦の御旗にしている証である。

なおシーア派の民兵組織についても説明しておこう。これまでも簡単に触れてきたように、まずイラクやシリアにはシーア派の民兵組織がある。フセイン体制が倒れて以来、イラクではイランの支援を受けた民兵組織が自由に活動できるようになった。ＩＳ（イスラム国）との戦闘にも貢献したこうした組織は、必ずしもイラク政府のコントロール下になく、イランの影響下にある。

同じようにシリアでも、２０１１年の人々が民主化を求めた「アラブの春」以降の内戦下でシーア派の民兵組織がイランの支援を受けて活動し始めた。両者は、イラクとシリアにあるアメリカ軍基地をドローンで攻撃するなど、ガザへのイスラエル軍の侵攻以来、微妙な動きを見せている。

微妙というよりは鮮明過ぎるくらいなのが、イエメンのフーシ派である。フーシ派はこの戦争への参戦を表明してイスラエルへのミサイルやドローンの攻撃を行った。また紅海を航行する船舶を攻撃したり、捕獲したりした。捕獲された船は日本郵船がチャーターしていた。これはイスラエル資本が一部を所有する船だった。紅海での交通が妨げられると、アジアとヨーロッパを結ぶ貿易は大きな影響を受ける。このフーシ派の動向が注目される。

このフーシ派とは何者なのか。フーシ派はシーア派の組織が、やはり2011年の「アラブの春」以降の混乱の中で台頭してきた。サウジアラビアなどが支援する「イエメン政府」との内戦で優勢に立ち、首都サナアなどを支配している。同じシーア派ということでイランの支援を受けてきたのは確かなのだが、どのくらいイランの意向に沿って行動しているかは、不明である。

以下に述べるようにイランは明らかに戦争の拡大を望んでいないにもかかわらず、フーシ派は活発にイスラエルを攻撃している。

他のアラブ・イスラム世界の国々は、ガザの人々の支援を口にしながら、実際には何もしていない。それに比べ、フーシ派は敢然として立ちイスラエルに打撃を与えている――そうした姿勢である。

イエメンでは大規模なハマス支援のデモが行われている。イスラエル攻撃は、そうした世論を踏まえてのフーシ派の独自の軍事作戦の色彩が濃い。アメリカが、あれだけイスラエルに援助を与えながら同国をコントロールできないように、イランもフーシ派に援助を与えながら制御はできていないのだろうか。

ヒズボラのミサイル

民兵組織、フーシ派、ヒズボラなどの軍事組織とシリアとイランを合わせて「抵抗の枢軸」というような表現が使われる。その中心は、もちろんイランであるが、その次に軍事的に強力なのは、おそらく内戦で分裂したシリアではなくヒズボラだろうか。

ヒズボラはレバノン南部を拠点としている。イスラエルとアメリカが、そのミサイル戦力を特に警戒している。

ハマスもミサイルを持っているが、その多くは花火が進化した程度である。スピードが遅く遠くまで飛ばない。また限られた数の長距離ミサイルも精確な誘導装置を持っていない。ところがヒズボラは十数万発のミサイルを保有している。その中には精密誘導の弾道ミサイルも数多く含まれる。つまりハマスとはケタ違いに強大な戦力を保有している。イスラエルとハマスとヒズボラの軍事力を野球で例えるとすると、イスラエルはメジャーリーグで、ハマスはリトルリーグくらいだろう。ヒズボラは日本のプロ野球くらいの実力がある。ヒズボラと戦争をすれば、イスラエルの主要都市のハイファやテルアビブの街にミサイルの雨が降る。

日本が学ぶべき軍事的教訓

ミサイルの話を続けているが、少し横道にそれて、今回の中東における戦争から、日本が学ぶべき軍事的な教訓を見ておきたい。今回のハマスの攻撃で軍事的に注目された点は、イスラエルの防空システム「アイアン・ドーム」の対応力である。その力が試されたことだ。「世界最強の防空網」と呼ばれるアイアン・ドームは、これまでハマスのミサイルを90％以上の確率で迎撃してきた。だが、今回は違った。ハマスが同時に何千発も発射したことで、対応しきれなくなった。

もし精度の高いミサイルを持つヒズボラが同じことをすれば、イスラエルの街を守ることはできない。また、アイアン・ドームそのものが狙われる可能性もある。今回のハマスの攻撃は、そうしたシナリオを目の前に突きつけた。イスラエルとしては、ヒズボラのミサイルに十分な対応ができない場合を想定して、レバノン国境沿いの住民2万人を避難させた。そのことからも、いかにヒズボラの脅威を真剣に捉えているかがわかる。

こうした展開は、日本の防衛政策担当者も注目すべきだろう。日本は、外国からのミサイル攻撃を想定して、迎撃する準備をしている。もし相手が撃ってきたミサイルが1発だったら、日本は対応できるかもしれないが、10発ならどうだろうか、さらに増やして100発ならどうだろうか。そして、ハマスのように1000発を同時に撃たれたら、システムは必ずパンクするだろう。今回のガザをめぐる戦いは、日本のミサイル防衛のあり方にも、深刻な疑問を投げかけた。

ヒズボラのミサイルはイラン製である。そして、イラン製のミサイルは非常に命中率が高い。その例を紹介しよう。２０２０年に、イラン革命防衛隊のソレイマニ司令官がアメリカ軍に暗殺された。数日後に、イランは報復として、イラクにあるアメリカ軍基地に10数発の弾道ミサイルを撃ち込んだ。このとき、ミサイルはことごとく目標に命中した。ただし、一人の死者も出なかった。その理由は、何だろうか。二つの説が流布している。最初の説によれば、アメリカ軍がイランが民間の衛星会社からアメリカ軍基地の衛星写真を買っていることを知っていたからだ。イランが最新の写真を購入した直後に、兵士を移動させたため死者が出なかった。イランのミサイルが正確に兵士の元いた場所に着弾したからだ。

第二の説はイラン軍はアメリカの将兵の居場所を知っていたが、正確に目標を外した。これによって、アメリカ軍基地へのミサイル攻撃という強い措置を取ったとして報復を求める内外世論を納得させ、同時にアメリカとの戦争を避けた。要するにイランとアメリカの八百長であった。だが、いずれにしろミサイルの精確さが証明された。

イスラエルがヒズボラと戦争すれば、イスラエルの基地や飛行場、石油タンクやガスタンク、そして核関連施設などが標的となる。試してみようという気にはならないだろう。２００６年にヒズボラとイスラエル軍が戦った際、一方でイスラエル軍はレバノンに大きな被害を与えたが、他方でイスラエルの街には、連日ヒズボラのミサイルが降り注いだ。イスラエルは空軍だけではヒズボラのミサイル部隊をつぶせないため、レバノン南部に陸軍を送った。しかしそれでも勝てなかった。ヒズボラの巧妙に作られた罠にはまって大きな損害を出した。この時点でイスラエルは停戦した。そのためヒズボラのミサイルの脅威が除去されなかった。そして増大している。

ヒズボラとは何か？

これほどイスラエルが警戒するヒズボラとは、どのような組織なのだろうか。ヒズボラとは、アラビア語で「神の党」という意味である。１９８２年に、イランの支援でレバノン南部で創設された。

ヒズボラの支配地域は、レバノンの首都であるベイルートの南から、レバノン南部一帯である。ヒズボラの戦力や戦闘員の能力は、レバノン正規軍を上まわっている。

軍事力だけではない。ヒズボラの政治部門はレバノンの選挙に参加しており、2022年の定数128の国会議員選挙で半数近くの62議席を獲得するなど、大きな政治力を持っている。

また、支配地域では貧困状態の人々に対し、医療や福祉、教育を提供するなど、住民サービスも行っている。先に述べたハマスと同様のNGO的な側面である。また、ヒズボラの戦闘員として、イスラエルとの戦いで負傷した若者や殉教した兵士の家族への支援を行っている。ヒズボラの指導者であるナスララは、息子をイスラエルとの戦闘で亡くしている。「息子が死んで悲しいが、これでやっと殉教者の母親たちの目を見て話すことができる。親としての悲しみを共有できる」と述べている。

本人は、暗殺を恐れて集会に直接に顔を出すことはないが、映像を通じて話しかける。人々の心を掴むのが巧みだ。

生きた宗教の博物館

　ヒズボラがなぜ誕生したかという理由を説明するために、少々回り道になるが、レバノンの歴史をたどりたい。レバノンはかつてオスマン帝国の領土であったが、第一次世界大戦後にシリアと共にフランスの支配下に入った。レバノンが独立し、フランスが撤退したのは１９４３年のことだ。

　レバノンは、宗教的にはキリスト教とイスラム教のさまざまな宗派がモザイクのように入り乱れる複雑な社会だ。歴史的に迫害を受けた多くの少数派が、レバノンの山岳地帯に避難して住みついてきたからだ。いわば「生きた宗教の博物館」状態となっている。独立の際に、各宗派の間で権力を分割する協定が結ばれた。大統領はキリスト教マロン派、国会議長はイスラム教スンニー派という具合にである。その基礎になったのが、１９３２年の人口調査であった。

　ところが、キリスト教徒が多数を占めていたころの人口統計に基づいたシステムは、段々と実情に合わなくなってくる。イスラム教徒の方が多産なので、人口増加率が高かった。

中でも、南部のイスラム教シーア派の人々は、特に所得が低く、人口増加率も高かった。しかし、人口調査は1932年以降行われず、キリスト教徒優位のシステムが続いた。そして、このシステムへのイスラム教徒の不満が高まった。キリスト教徒の側も、自らの特権を脅かされるのではないかという不安を募らせていく。各宗派は、独自の武装組織を育成し自衛の構えを見せていた。

そんな危うい状況のレバノンに、1970年に乗り込んできたのがアラファト率いるPLO（パレスチナ解放機構）だった。前に触れたヨルダンでの内戦に敗れレバノンに亡命してきたPLOは、レバノンの中で独立国家のように振る舞った。イスラム教徒が多数を占めるPLOの存在は、レバノンの宗派間のバランスをさらに危うくした。そして1975年にレバノンは内戦に突入した。内戦にはシリアも介入した。その後1982年にはイスラエルがレバノンに侵攻して、レバノン情勢は泥沼化していく。

イスラエル軍への抵抗

　イスラエルが侵攻した理由は、ＰＬＯがレバノン南部を拠点に、イスラエルにゲリラ攻撃を仕掛けていたからだ。迷惑を被っていったのは、レバノン南部に住んでいたイスラム教シーア派の人たちである。当時シーア派は、組織化されておらず、したがって政治力がなく、人口は多くても発言権がなかった。ＰＬＯがイスラエルを攻撃すれば、その報復でレバノン南部が攻撃された。そのため、イスラエル軍がアラファトを撃つために南レバノンに侵攻すると、当初シーア派の住民たちは大歓迎をした。その後、アラファト率いるＰＬＯはレバノンからチュニジアに亡命した。しかしＰＬＯ撤退後も、イスラエル軍はレバノン南部の占領を続けた。

　シーア派の住民はＰＬＯは嫌いだったが、イスラエルの支配下に入りたいと望んだわけではなかった。そして、その組織化をシーア派が多数派を占めるイランがサポートして、ヒズボラが創設された。

　ヒズボラが世界の注目を集めた最初の事件は、１９８２年11月のレバノン南部を占領中のイスラエル軍への攻撃だった。ヒズボラのメンバーが、爆弾を積んだトラックでイスラエル軍の宿舎に突っ込んで自爆し多数を殺傷した。これがイスラム教徒によるトラックに火薬を積んで自爆攻撃の走りとなった。翌年、今度はヒズボラは、ベイルートのアメリカ軍の海兵隊宿舎を同じように攻撃した。大損害を出したアメリカ軍は、レバノンから撤退した。

さらにレバノン南部では、ヒズボラがイスラエル軍への抵抗運動を強めた。そして2000年までの18年間にわたり戦った。爆弾を巻いて死ぬ気で戦うヒズボラの若者たちに、中東最強とされるイスラエル軍も苦戦した。そして、殉教精神だけでなく、イランの軍事顧問団による訓練と、実戦を積むことにより、ヒズボラは強力な戦闘集団となった。

ヒズボラは、イスラエル軍の行動パターンを読んで戦った。たとえば、イスラエル軍のパトロール部隊を待ち伏せして包囲すれば、必ず救出部隊が送られてくる。パトロール部隊を全滅させても10人程度だが、救出部隊を待ち伏せすればその何倍も倒すことができる。ヒズボラはパトロール部隊を包囲すると同時に、救出部隊を攻撃する準備をして待ち伏せを行った。そのため、イスラエル軍は救援に行くのが危険になった。ヒズボラよりはるかに強力な兵器で武装しているイスラエルが、苦戦を強いられた。何より士気が違う。ヒズボラは自らの土地を取り返すために死をも恐れず戦う。イスラエル兵は、他人の土地を占領して、こんなところで死にたくないと思って戦う。士気が上がるはずもない。最終的には２０００年に、イスラエル軍がレバノンから撤退した。

　アラブ側が戦ってイスラエル軍を撤退させた例は少ない。イスラエルが建国されてから、アラブ側は負け続けていた。ヒズボラは、その憎《に》っくきイスラエル軍を撤退に追い込んだ。そのためレバノンでは、ヒズボラが英雄となった。もちろん、レバノンにはシーア派やヒズボラが大嫌いという人は多い。それでも、対イスラエルに関しては、ヒズボラはよく戦ったとの評価である。またレバノンを越えてイスラム世界全体でヒズボラは英雄となった。

　そして、このヒズボラのイスラエル軍に対する善戦は、占領下で苦しむ多くのパレスチナ人にとっても刺激となった。それが後にパレスチナ人自身による抵抗運動、インティファーダ（１９８７年）につながった。また、ハマスをはじめとする抵抗組織の設立につながった。そして自爆、つまり殉教攻撃という戦術がイスラム世界全体に広がった。「殉教者こそ神の友」という叫び声が広くこだまするようになった。

自爆は「自殺」か？

この自爆という戦術は、イスラム世界では議論を呼んだ。というのはイスラムは自殺を禁じているからである。キリスト教と同じである。自らの生命を断つという行為は、神によって禁じられているとの認識である。であるならば自爆戦術は許されず、その実行者は死後に神の御許に近づくのは許されないとの議論があった。

だが、圧倒的な武力を持つ邪悪な抑圧者への最後の抵抗の手段として自爆を選んだ者を、神が罰するはずがない。自爆者は自殺者ではなく殉教者である。自らを犠牲にして、イスラムのために正義のために母国のために戦う人々こそ神の友である。こうした反論が出てきた。どうも、反論の方が多くの支持者を得ているようだ。

イランとイスラエルとの緊張

さてイスラム世界で広く邪悪な抑圧者とみなされているイスラエルが、中東で恐れている国はイランくらいしかいない。かつてはサダム・フセインのイラクも恐ろしい敵だったが、フセインは殺害され、イラクは破壊され分裂している。もはや脅威ではない。

ネタニヤフはイラン脅威論の急先鋒だ。2015年にオバマ政権などがイランと結んだ核合意にも徹底的に反対した。オバマ政権はイランの核の平和利用を認め管理することで、核兵器の開発をとどめようとした。しかしイスラエルは、イランのウラン濃縮能力の存在そのものが脅威だとの主張であり、それが除去されない合意は、意味がないとの議論である。そして、イランの核開発を阻止するためにイランへの先制攻撃も辞さないという態度をとってきた。

こうしてみると、確かにイランとイスラエルの関係は険悪である。しかし、政権レベルの関係はそうであったとしても、イランとイスラエルの国民が相互に、それほど憎しみあっているという印象は受けない。

歴史を紐解けば、紀元前の古代イスラエル王国がバビロニア王国に滅ぼされ、エルサレムの人々はバビロンに強制移住させられた。ユダヤ人の「バビロン捕囚」として知られる事件である。このバビロンを攻略し、ユダヤ人を解放したのは、アケメネス朝ペルシア帝国のキュロス大王であった。つまり現在のイラン人の祖先である。キュロスはネブカドネザルが奪った宝物をユダヤ人たちに返還し、エルサレムに戻るのを許し、ネブカドネザルに破壊されたユダヤ教の神殿の再建費用の援助までしている。この時に再建された神殿が、その後に拡張された。その西の壁が、現在のエルサレムのユダヤ教の聖地「嘆きの壁」として残っている。ユダヤ人にとってペルシア人は恩人である。

イスラエル国民は、現在のイランの革命政権は嫌っている。それでも、イランそのものを憎んではいない。そしてイスラエルにはイランから移住したユダヤ人が多い。その多くはイランを懐かしいと感じている。

1979年のイラン革命以前、アメリカの影響下に置かれていたイランとイスラエルとは、実質的な同盟国であった。双方の間では盛んに行き来が行われていた。イランで病気になると、高度の医療を受けるためにイスラエルの病院に行くことは珍しいことではなかった。同じアメリカ製の兵器を使っていたので、イラン空軍のパイロットはイスラエルで訓練を行った。

庶民レベルではそれほど悪い感情がないのはイラン国民も同じであろう。どんなに指導者が激しくイスラエルを非難しても、国を上げてイスラエルと戦おうという雰囲気ではない。ガザや西岸の人々のことはかわいそうだとは思っているが、そもそも経済制裁などにより自分たちの生活も厳しい。政府はレバノンやガザのためではなく、イランのためにお金を使うべきだという感情も強い。

また、イラン国内にはキュロス大王の頃から住み着いたとされる最も古いユダヤ人のコミュニティもある。若者がイスラエルやアメリカに移民してしまったので、現在は高齢者が多くなっている。このイランのユダヤ系の人々は、トルコ経由でイスラエルを訪問する例もあるようで、イラン当局は、それは見逃しているようだ。

第7章　国際社会と日本

カギを握る小国・カタール

ガザをめぐる情勢の急展開に、周辺諸国は、域外大国は、そして日本は、どう対応しているのだろうか。

まずは人質の交換や戦闘の一時停止の交渉などで大きな役割を果たした小さな国カタールの動きを紹介したい。2023年11月に、一時的な停戦がありハマスがとっていた人質が100名以上解放された。イスラエル側は見返りに同国の当局が拘束していた200名を超えるパレスチナ人を解放した。その解放交渉の仲介をしたのが、アラビア半島の小国のカタールである。カタールは、一人当たりの所得が8万4000ドルと日本の2倍以上になる。世界でもっとも豊かな国の一つである。2022年にはサッカーのワールドカップを開催している。

ハマスと話ができる理由の一つは、もちろんカタールがハマスに資金を出してきたからであるが、それだけではない。カタールとハマスの関係は深い。もともとは、エジプトで生まれたムスリム同胞団の指導層が、ナセルに弾圧されて亡命した先のひとつがカタールであった。その関係もあって、現在もハマスの政治指導部がカタールにある。ハマスとしては、ガザにいてはいつイスラエルに暗殺されるかわからない。そこで政治指導部がガザから離れている。

　そしてこれは、アメリカの要請でもあったとされている。ハマスと話をするときに、ガザに行くのは難しい。カタールに指導部があれば便利だというわけである。アメリカはハマスをテロ組織に指定しているので公式には接触できない。しかし、それは建前で、裏ではＣＩＡが交渉するのが普通である。ＰＬＯも長年テロ組織とされていたが、もちろんＣＩＡが接触していた。

　カタールにいるハマスの政治指導部が、ガザの軍事指導部をどれくらいコントロールしているかという点については議論がある。今回の攻撃を含めて、必ずしも統制できていないのではないかと推測されている。

　カタールはイランとも良い関係である。カタールが豊かな理由は、世界最大規模の海底ガス田のおかげだ。そしてその海底ガス田は、中東の大国であるイランのガス田とつながっている。同じコップの飲み物をストロー2本で吸っているようなものである。イランが好きか嫌いかは関係なく、イランとうまくやらないといけない立場である。

カタールの人口は３００万ほどだが、そのうち9割は外国人出稼ぎ労働者である。日本人や欧米人のホワイトカラーもいるし、インド亜大陸の東から来た肉体労働に従事するブルーカラーもいる。カタール国籍を持つ人口はたった30万である。人口が少なく経済的に豊かで、軍事力は高が知れている。こんな国はいつ狙われるかわからない。だから保険としてイランとも仲良くやるし、中東最大のアメリカ軍基地も置いている。このアメリカ軍基地は、２００３年のイラク戦争の時に前線司令部の役割を果たした。カタールが全方位外交で自国を守るという方針がわかる。

ハマスともイランともアメリカとも関係が良い。だから近年では、いろいろな交渉をするときにカタールで行うことが増えている。今回の人質解放をめぐる交渉もそのひとつである。ハマスだけでなく、アフガニスタンのタリバンもカタールに事務所を置いている。そしてアメリカとタリバンはカタールで交渉した。

豊かな小国は、世の中の役に立って目立ちたいと考えるのだろうか。同じように、欧州で人口が少なく所得の高い国のひとつがノルウェーである。ノルウェーは、中東和平で大きな役割を果たしている。いずれも積極的に仲介外交を行っている。今後の停戦や戦後処理をめぐっても、カタールが大きな役割を果たしていくのではないかと見られている。

カタールに関して、もう一つ注目しているのが、アルジャジーラというテレビ局の存在である。アラブ社会で初めてのマスメディアらしいマスメディアだ。カタールの悪口以外は何でも正直に言えるメディアである。中東最大の米軍基地のすぐ近くにある放送局が、アメリカの中東政策を徹底的に批判している。不思議な光景である。これが他にはないカタールという国のユニークさと言える。

複雑な立場のエジプト

アラブ諸国で最も人口の多い国はエジプトである。その人口は1億を越している。エジプト国民の多くは、パレスチナ人に対する強い同情心を抱いている。しかし政府となると話は別だ。かつてナセル大統領の時代に、ムスリム同胞団の影響が高まることを懸念して弾圧した過去がある。それにより同胞団がアラブ世界に散った。多くの指導層が湾岸諸国に亡命先を求めた。そして影響力を広めた。ガザを含むパレスチナも同胞団の影響を受けてきた。隣国である。当然である。しかも1948年のイスラエルの成立から1967年の第三次中東戦争までの間は、ガザをエジプトが統治していた。ガザはエジプト国内の一部も同然だった。

ナセルの死後はサダトが大統領になった。サダトはナセル支持者の影響力が強すぎるとやりにくいため、ムスリム同胞団にある程度の活動を許しバランスを取ろうとした。サダトの死後に30年にわたって権力を握ったホスニ・ムバラクの時代は、非合法の団体でありながら、許しているような、いないような、中途半端な状態が続いた。2011年にアラブの春により、ムバラク政権が倒れた。そして、その後の選挙の結果、ムスリム同胞団のムルシーが大統領に選ばれた。長年続いた軍の支配からの脱却であった。ところが、2013年に軍事クーデターが起き、軍出身で元国防大臣のシシ大統領による強権的な政治に戻ってしまった。前大統領のムルシーをはじめ、ムスリム同胞団の指導者たちは刑務所に入れられた。あるいは亡命を迫られた。

　こうした経緯から、現在のエジプトのシシ政権は、ムスリム同胞団を敵とみなしている。そしてガザのハマスもムスリム同胞団の系統なので、関係は良くない。ムスリム同胞団が政権の座にあった時代は、ガザとエジプトの間に掘られたトンネルから、人や物の出入りが活発だった。しかし現在の政権になってからは、ハマスが掘ったトンネルを潰した。またエジプトはイスラエルの封鎖に協力している。ガザの人々を苦しめているのは、イスラエルだけではない。

　すでに述べたように、１９７９年のキャンプ・デービッド合意により、エジプトの外交姿勢は大きく変化した。イスラエルを承認し、その見返りに占領されていたシナイ半島を返してもらった。さらに、アメリカの援助を受けることになった。現在でも、アメリカの対外援助の相手国のランキングでは1位がイスラエルで、2位がエジプトというのが通常は定位置である。エジプトが援助を受け続けることができるのは、イスラエルとの関係を維持しているからである。封鎖に協力している背景だろうか。

　とは言え、エジプトの目の前でこれだけの虐殺が起きている。エジプト国民はパレスチナ人に同情している。戦争が始まってからガザに入った援助物資の多くは、エジプト国民の寄付で集まったとされている。そして国民はイスラエルが大嫌いである。ガザでハマスの事件が起きた2日後、エジプトでイスラエル人観光客2人が殺害された。撃ったのは観光客を保護するはずの観光警察の一人だったという。国民はひどいことをするイスラエルと、そのイスラエルに協力する自国の政権に怒っている。エジプトとイスラエルの間には、温かい平和ではなく、エジプト国民に愛されない冷たい平和の関係が続いてきた。しかし、ガザであまりにひどいことが起きてしまうと、政権としても国民の反発を懸念しなければならない。イスラエルとの親密な関係を見直さなければならなくなる可能性もある。エジプトは、微妙な立場に置かれている。

対照的な欧州の反応

このガザでの戦争に欧州、ロシア、中国といった域外の大国は、どう対応してきたのだろうか。そして日本や欧州各国は……国によって態度が大きく分かれている。

顕著なのが、かつてナチスを生みホロコーストの責任を背負うドイツとオーストリアの反応である。両国は、10月7日の事件の後から極端にイスラエル寄りの立場を鮮明にした。ドイツのオラフ・シュルツ首相は、衝突の後に訪れたイスラエルで「イスラエルとその安全はドイツの『国是』」とか「イスラエルの国家の存立と安全のために立ち上がることがわれわれの使命だ」などと述べ、ネタニヤフに対して停戦を求めなかった。また、ドイツ国内で停戦を求めるデモなどに対して中止を命じている。ドイツ国内では、停戦を求める声を「反ユダヤ主義」と批判する雰囲気が高まっている。本来、反ユダヤ主義とイスラエル政府への批判はまったく異なるものだが、それが同一視されてしまうと冷静な議論ができなくなってしまう。

そのような動きに、ドイツ国内では反発の声もある。ホロコーストを引き起こした罪悪感から、イスラエルへの支持を強く打ち出しているものの、それによってドイツは新たな被害者が出るのを助けてしまっていることにならないだろうか。被害者が加害者になるサポートをしてしまっていないだろうか。多くの心あるドイツ人の懸念である。

フランスも、事件当初はイスラエルへの強い支持を打ち出していた。しかし、ガザであまりの多くの民間人が亡くなる状況を受けて、エマニュエル・マクロン大統領は、イスラエルに対して民間人殺害の正当性がないと訴え空爆の停止を要求した。またフランス国内のユダヤ教徒への嫌がらせや脅迫など、反ユダヤ主義的な動きも起き始めている。本来、イスラエルのパレスチナでの行為に欧州のユダヤ人が責任を問われるべきではない。だが残念ながら、イスラエルの攻撃が苛烈になればなるほど、欧州などでこうした事件が増える傾向がある。

イギリスは、人道的休戦を求めているものの、停戦は求めていない。ロンドンでは11月に停戦を求めるデモに30万人が集まった。これに対して右派の内相が「ハマスを支持しているヘイトマーチ」と非難し、政権から更迭された。イギリス政府は、ガザの人道援助のため36億円の追加支援を約束している。なお、そもそもパレスチナ問題を引き起こした責任をイギリスが負うべきだとの「原罪意識」は、この国のエリートの間には希薄なようだ。

オスロ合意を取りまとめた北欧のノルウェーは、外相がハマスによる攻撃を非難しつつ、イスラエルによるガザへの攻撃を国際法違反の可能性があると述べている。スペインのペドロ・サンチェス首相は、ガザとエジプトの境界にあるラファ検問所を訪問し、ガザで「罪のない民間人が無差別に殺されている」とイスラエルの攻撃を非難した。このように、欧州各国で対応は大きく分かれており、ＥＵとしても統一した方針が出せていないのが現状である。なお、ロシアによるウクライナの侵略と占領については欧米各国はロシアを非難し、ウクライナを軍事支援している。歴史的に見れば、イスラエルは侵略と占領を続けている側である。そのイスラエルを支援する立場に立っている国が多いことから、欧米以外の国々の人々からは、特にパレスチナ人からは、ダブルスタンダード（二重基準）ではないかとの声も多く聞こえる。

ロシア・中国にとっては都合がいい状況か

ウクライナ侵攻で批判されてきたロシアである。ロシアはこのガザ紛争で利益を得ている。ひとつは中東で紛争が起きると、ほぼ自動的に石油の値段が上がるからだ。産油国の一つロシアにとって、経済的メリットにつながる。それ以上に大きいのは、世界の注目が中東に集まることで、ウクライナとの戦争がやりやすくなる。それでなくとも、長く続く戦争でウクライナを支援する欧米の世論は割れている。いつまで支援すればよいのかという議論が起きている。いわゆる支援疲れである。アメリカでも、イスラエルへの支援金の議会での承認は容易である。だが、ウクライナへの支援金については紛糾しがちだ。イスラエルへの援助が増えれば、その分ウクライナへの援助が減る。ウラジミール・プーチン大統領にとっては、それも都合が良い状況である。

中国はどうか。中国は、太平洋を挟んでアメリカと対峙している。アメリカは、オバマ政権の時代から、急速に軍事力と経済力をつけてきた中国を警戒してきた。中東から手を引き、中国に対応するアジア・シフトを計画してきた。しかし、この状況を受けてアメリカは2隻の航空母艦を中東に派遣した。中東に力を注がざるを得ない状態になっている。アメリカの戦力が分散された方が、中国としては都合が良い。とは言え、中国は日本と同じ石油の輸入国である。本当にイランなどを巻き込んだ形で戦争が拡大されては困るという事情は、日本と変わらない。

依存度98%の日本

最後に日本の話をしたい。まず注目すべきはエネルギー面である。日本は石油を大きく中東に依存している。２０２２年7月時点では日本の原油輸入における中東依存度は、98%を記録した。ほぼ１００%に近い割合である。その後、やや下がったとはいえ、まだ90%を超えている。

１９７３年に第四次中東戦争が始まった際、日本ではオイルショックが起きた。トイレットペーパーがなくなるという噂が流れ、大騒ぎとなった。当時の中東依存度は、78%であった。現在の依存度は、その時よりさらに高い。この50年間の日本のエネルギー政策とは何だったのかと思わざるを得ない。これほどの高い中東依存度は、大きなリスクを意味する。オイルショック当時は、同じ中東でも、アラブの湾岸諸国とイランで半々であった。当時のイランは政治と石油をミックスしない政策だったので、まだリスクヘッジができた。アラブ諸国は石油を外交の武器に使ったが、イランは値段を引き上げただけだった。

今回の98％は、ほぼすべてアラビア半島諸国だけからの輸入である。オイルショック当時よりはるかにリスクが高い。それにしては、のんびりしている印象だ。ちょっとしたことで、大混乱に陥る可能性がある。他の輸入先の開発、そしてエネルギーの自給や省エネにもっと力を注ぐべきではないだろうか。

日本にできること

外交面についてはどうか。２０２３年11月９日にＧ７外相会談が行われた。そこで出された７カ国の外相声明では、ハマスの「テロ攻撃」についての非難と人質の即時解放を求めながら、イスラエルの攻撃への非難は行われなかった。また、停戦ではなくアメリカなどが求める戦闘の一時休止を支持することで一致した。つまり、Ｇ７としてはイスラエルの民間人を巻き込む攻撃に理解を示した。

Ｇ７に先立ち、11月３日に上川陽子外務大臣はイスラエルを訪問。ハマスのテロを断固非難し、イスラエルへの連帯を示した。Ｇ７の会合に合わせて、Ｇ７議長国の日本の外務大臣が中東に一度も行っていないのはまずいと、あわてて訪れたような日程である。内容以上に、タイミングが悪かった。すでにハマスの攻撃から1カ月近くも経ち、イスラエルの空爆により多くのガザの民間人が犠牲になっているタイミングで、爆弾を落としているイスラエルへの連帯を表明するのである。ガザの子どもたちを殺すことを支持しているように映らないだろうか。

国連事務総長や国連の人権機関などからは、ガザで多くの民間人が殺害されていることについて、国際人道法違反の深刻な疑いがあるとの非難が出ていた。にもかかわらず、岸田文雄首相や上川外相は国際法違反か「判断する立場にない」「確定的な評価を行わない」などとの言い回しで、明言を避けた。明らかにアメリカへの気兼ねであるが、日本外交はそれでいいのだろうか。

日本政府としては、アメリカやG7の様子をうかがいながら、それに歩調を合わせることが何よりも大事だと考えているようである。しかし、G7と歩調を合わせてもG7の国民と歩調が合っているとは限らない。G7の国内でも、さまざまな意見の違いがある。フランスは時間とともに態度を変え始めている。そしてアメリカ国民の多数は、イスラエルがやりすぎだと考えている。バイデン政権も、少しずつ発言のニュアンスを変えている。日本国民の大多数も、イスラエルの攻撃を支持しているようには思えない。もしアメリカ政府が態度を変えたら、日本は梯子を外される形にならないだろうか。もう少し自らの判断で、外交をできないものだろうか。

もうひとつ意識すべきは、G7が世界ではないという事実である。G7の人口を合わせても世界の人口の1割にも満たない。世界の大半は、グローバルサウスと呼ばれる地域に生活している。そしてグローバルサウスは、ガザでの虐殺を支持していない。国際社会との協調を考えるなら、日本の取るべき行動は明らかではないだろうか。事態が進むにつれ、日本の立場も少し変化している。12月には国連事務総長の要請を受けて、安全保障理事会で停戦を求める決議案が採決された。アメリカが拒否権を行使し、決議案は否決されたが、日本は他の12カ国と並んで賛成票を投じた。この方向にさらに舵を切るべきではないだろうか。

日本政府への疑問は、これまで外務省は西岸とガザの占領は国際法違反としてきたのに、今回はその問題にいっさい触れていないことである。「テロの脅威を受けているイスラエルと連帯する」と言うのだが、そうであれば〝テロ〟を生み出した占領や入植地の問題は指摘しなければならないだろう。そして、ガザの多数の民間人の殺害を戦争犯罪だと明言する必要があるだろう。

ロシアがウクライナに侵攻した際、岸田首相は「明白な国際法違反で断じて許容できない」と表明した。その後、キーウ近郊で多数の民間人殺害が明らかになった際には、「罪のない市民を殺害するのは戦争犯罪」と強い言葉で語った。なぜイスラエルに関しては明言を避けるのだろうか。「何をやっているか」ではなく、「誰がやっているか」で態度を変えることはダブルスタンダードである。こうした立場に立つことで、日本が主張していることの説得力がなくなってしまう。ロシアに対して北方四島を返してほしいという主張も認められなくなってしまうかもしれない。

実は日本政府には、中東和平においてアメリカにはできない役割を担える潜在的な力がある。日本は中東地域で植民地支配の過去があるわけではない。また、１９４７年の国連の分割決議案の際は、アメリカの占領下にあって投票していなかった。中東地域では手が血で汚れていない。そしてイスラエルだけでなく、イランやパレスチナとのつながりもある。パレスチナでは、長年にわたりＪＩＣＡを通じた支援も行ってきている。23年12月には、ガザと西岸を対象に、約91億円の支援を発表した。資金援助だけでなく、日本が本気を出せば、それなりの仲介役を果たせる可能性は十分にある。ガザで犠牲になる人々を少しでも減らすために、日本にできることは多い。日本政府には、日本人自身が思う以上の力がある。

ガザを支援するＮＧＯ

政府だけでなく民間の役割も大切だ。報道でも伝わるように、日本のＮＧＯはガザや西岸で継続的に活動を続けてきた。医療、福祉、教育、自立支援など、さまざまな分野で地道な支援を行ってきた。危険な現場でも医療活動を続けてきた日本人もいる。また、日本のＮＧＯのスタッフとして働く現地のパレスチナ人もいる。ガザや西岸では、こうした日本の支援はたいへん感謝され、また信頼されてきた。

そうしたＮＧＯの中には、政治的な声明を上げないことをポリシーにしている団体もある。なぜなら国によってはそうした声明を上げることで、入国が許可されなくなるからだ。入国できなくなれば人々を救うことができなくなる。しかし、そのような団体も含めて、今回に関しては声をそろえて即時停戦を訴えている。それだけ現場が極限状況にあるということでもある。

日本には、筆者が知るだけでもパレスチナ子どものキャンペーン、ＪＶＣ（日本国際ボランティアセンター）、パルシック、ピースウィンズ・ジャパン、パレスチナ学生基金などがガザの人々のために活動してきた。日本人も派遣されていた国際的なＮＧＯとしては国境なき医師団がある。国連機関ではＵＮＲＷＡ（国連パレスチナ難民救済事業機関）がある。こうした団体のガザでの支援については、今回の攻撃でことごとく壊滅的な被害を受けた。現地スタッフも犠牲になっている。何かできないかと考えたら、こうした団体に寄付をしたり、ホームページを閲覧して、協力できることを自ら考え行動していただきたい。

知識が行動に変わる時、世界は動くからだ。

あとがき

パレスチナに平和をもたらすために必要なのは、イスラエル側の譲歩である。この紛争で土地を奪われ人間としての尊厳を無視され続けてきたパレスチナ人の側には、もはや譲るべきものは何も残されていないからだ。

そして真の平和・安全・安心を望むならば、イスラエル国民は、軍事的な手段は政治的問題の有効な解決方法ではないという現実に向きあう必要がある。さらに一歩も二歩も踏み出して、和平のためのパレスチナ人への譲歩という決断を下す必要もある。

その困難な決断を助ける力を持つのは、イスラエルを支えてきたアメリカという国のみである。アメリカの動向が、今後ともパレスチナ情勢を規定するという構造は変わらない。本書がアメリカの内政の記述に多くのページ数を当てた理由である。

アメリカの対イスラエル観は、これまでに大きく変わり、さらに大きく変わろうとしている。その背後にあるのは、アメリカにおける人口動態の変化である。

アメリカでは、ラテンアメリカ、アジア、アフリカ系の人々の数が増え、人口に占める比率も上昇している。現在では、アメリカで生まれてくる赤ん坊の半数以上は非白人であり、アメリカの非白人化が進んでいる。

その変化を象徴していたのが2008年の大統領選挙での最初のアフリカ系候補者の当選だった。バラク・フセイン・オバマ大統領の誕生だった。オバマが当選したからアメリカが変わるのではない。アメリカが変わったので、オバマ大統領が登場したのだ。そして、そのアメリカは変化のスピードを早めている。この変化が、今や民主党支持層の間では、パレスチナ人に同情心をより強く感じる人々が、イスラエルに同情心を抱く人々を上回るといった世論調査の数値に反映されている。

バイデンのネタニヤフを抱きしめるようなイスラエル支持一辺倒の政策に、多くのアメリカ人が、なかんずく民主党の支持層が、強く反発した。変わってしまった支持層の意向を、民主党政権が、その中東政策に反映させていないと感じたからである。この政権と支持層の認識のギャップが、アメリカの中東政策に付きまとっている。

ガザ情勢の展開が映し出すアメリカの変化が、本書の隠されたテーマである。つまり、アメリカという視点からの中東論、中東という観点からのアメリカ論、本書が描き出そうとした風景である。

高橋和夫（たかはし　かずお）

放送大学名誉教授。福岡県北九州市生まれ。大阪外国語大学外国語学部ペルシア語科卒。

アメリカ合衆国コロンビア大学国際関係論修士、クウェート大学客員研究員、放送大学教員などを経て2018年４月より先端技術安全保障研究所会長、『現代の国際政治』、『世界の中の日本外交』、『中東の政治』、『国際理解のために』などが放送大学のテレビとラジオで放送中、日本を代表する中東研究者の一人、著書に『モデルナとファイザー、またはバイオンテック』（GIEST）、『アラブとイスラエル』（講談社）、『パレスチナ問題の展開』（左右社）、『なるほどそうだったのか!! ハマスとガザ戦争』（幻冬舎）など。SNSでも分析を発信している。

■高橋和夫の国際政治ブログ
https://ameblo.jp/t-kazuo

■高橋和夫の中東・イスラム・国際情報
https://news.yahoo.co.jp/byline/takahashika

■ユーチューブ・チャンネル『今朝の思い』
https://www.youtube.com/@user-ur8gs6zq4y

■ユーチューブ・チャンネル『高橋和夫&小沢知裕ルーム』
https://www.youtube.com/channel/UCU2yjX9mSN_pTS6yQmJqIkg

■X（旧Twitter）
https://twitter.com/kazuotakahashi

〈構成〉
高橋真樹（たかはし　まさき）

ノンフィクションライター。NGOスタッフやジャーナリストとして、長年イスラエル・パレスチナに携わってきた。『イスラエル・パレスチナ 平和への架け橋』（高文研）、『ぼくの村は壁で囲まれた－パレスチナに生きる子どもたち』（現代書館）、『「断熱」が日本を救う』（集英社）など著書多数。放送大学では「パレスチナ難民問題」の面接授業を担当。公式HP　https://t-masaki.com/

なぜガザは戦場になるのか

イスラエルとパレスチナ 攻防の裏側

著者 高橋和夫

2024年2月25日 初版発行
2024年11月1日 3版発行

発行者 高橋明男
編集人 内田克弥
発行所 株式会社ワニブックス
〒150-8482
東京都渋谷区恵比寿4-4-9えびす大黒ビル
ワニブックスHP https://www.wani.co.jp/
(お問い合わせはメールで受け付けております。
HPより「お問い合わせ」へお進みください)
※内容によりましてはお答えできない場合がございます

装丁 小口翔平+嵩あかり(tobufune)
フォーマット 橋田浩志(アティック)
構成 高橋真樹
校正 東京出版サービスセンター
編集 大井隆義(ワニブックス)

印刷所 TOPPANクロレ株式会社
DTP 株式会社 三協美術
製本所 ナショナル製本

定価はカバーに表示してあります。
落丁本・乱丁本は小社管理部宛にお送りください。送料は小社負担にてお取替えいたします。ただし、古書店等で購入したものに関してはお取替えできません。

ISBN 978-4-8470-6700-6
WANI BOOKOUT https://www.wanibookout.com/
WANI BOOKS NewsCrunch https://wanibooks-newscrunch.com/